墨　人　著

本全集保留作者手批手稿

# 墨人博士作品全集【全60冊】

## 第五十二冊　全唐詩尋幽探微

文史哲出版社印行

國家圖書館出版品預行編目資料

**墨人博士作品全集** / 墨人著 -- 初版 -- 臺北
市:文史哲, 民 100.12
頁： 公分
ISBN 978-957-549-987-7 (全套 60 冊：平裝)

1.現代文學 2. 中國文學 3.別集

848.6 100022602

# 墨人博士作品全集【全60冊】

## 第五十二冊 全唐詩尋幽探微

著　者：墨　人
出版者：文史哲出版社
http://www.lapen.com.tw
登記證字號：行政院新聞局版臺業字五三三七號
發行人：彭正雄
發行所：文史哲出版社
印刷者：文史哲出版社
臺北市羅斯福路一段七十二巷四號
郵政劃撥帳號：一六一八〇一七五
電話886-2-23511028・傳真886-2-23965656

【全60冊】定價新臺幣 36,800 元

中華民國一百年（2011）十二月初版


ISBN 978-957-549-987-7 08992

# 墨人博士著作品全集 總目

## 一、散文類



## 二、長篇小說

## 三、中短篇小說散文合集



## 四、詩詞及論評



**附：外篇**

# 墨人的一部文學千秋史

張萬熙先生，筆名墨人，江西九江人，民國九年生。爲一位享譽國內外名小說家、詩人、學者。歷任軍、公、教職。六十五歲始自從國民大會簡任一級加年功俸的資料組長兼圖書館長公職崗位退休，但已是中國文壇上一位閃亮的巨星。出版有：《全唐詩尋幽探微》、《紅樓夢的寫作技巧》、一百九十多萬字的大長篇小說《紅塵》、《白雪青山》、《春梅小史》；詩集：《哀祖國》；散文集：《小園昨夜又東風》……。民國五十年、五十一年連續以短篇小說，兩次入選維也納納富出版公司出版的《世界最佳小說選集》。七十歲時自東吳大學中文系教席二度退休，仍著述不輟，爲國寶級文學家。墨人博士在臺勤於創作六十多年（在大陸時期已創作十年），並以其精通儒、釋、道之學養，綜理戎機、參贊政務、作育英才，更以其對傳統文學的精湛造詣，與對新文藝的創作，在國際上贏得無數榮譽，如：美國世界大學榮譽文學博士、美國馬奎士國際大學榮譽文學博士、美國艾因斯坦國際學院榮譽人文學博士（包括哲學、文學、藝術、語言四類）、英國劍橋國際傳記中心副總裁（代表亞洲）、英國莎士比亞詩、小說與人文學獎得主，現在出版《全集》中。

## 壹、家世・堂號

張萬熙先生，江西省德化人（今九江），先祖玉公，明末時以提督將軍身份鎮守雁門關，蒙古騎兵入侵，戰死於東昌，後封為「河間王」。其子輔公，進士出身，歷任文官。後亦奉召領兵「三定交趾」，因戰功而封為「定興王」。其子貞公亦有兵權，因受奸人陷害，自蘇州嘉定（即今上海市一區），謫居潯陽（今江西九江）。祖宗牌位對聯為：嘉定源流遠，潯陽歲月長；右書「清河郡」、左寫「百忍堂」。

## 貳、來臺灣的過程

民國三十八年，時局甚亂，張萬熙先生攜家帶眷，在兵荒馬亂人心惶惶時，張先生從湖南長沙火車站，先將一千多度的近視眼弱妻，與四個七歲以下子女，從車窗口塞進車廂，自己則擠在廁所內動彈不得，千辛萬苦的從湖南長沙搭火車南下廣州，從廣州登商輪來臺。七月三日抵基隆，由同學顧天一先生，接到臺北縣永和鎮鄉下暫住。

## 參、在臺灣一甲子奮鬥的過程

### 一、初到臺灣的生活

家小安頓妥後，張萬熙先生先到臺北萬華，一家新創刊的《經濟快報》擔任主編，但因財務不濟，四個月不到便草草結束。幸而另謀新職，舉家遷往左營擔任海軍總司令辦公室秘書，負責紀錄整理所有軍務會報紀錄。

民國四十六年，張先生自左營來臺北任職國防部史政局編纂《北伐戰史》（歷時五年多浩大工程，編成綠布面精裝本、封面燙金字《北伐戰史》叢書），完成後在「八二三」炮戰前夕又調任國防部總政治部，主管陸、海、空、聯勤文宣業務，四十七歲自軍中正式退役後轉任文官，在臺北市中山堂的國民大會主編研究世界各國憲法政治的十六開大本的《憲政思潮》，作者、譯者都是台灣大學、政治大學的教授、系主任，首開政治學術化先例。

張先生從左營遷到臺北大直海軍眷舍，只是由克難的甘蔗板隔間眷舍改爲磚牆眷舍，大小一般，但邊間有一片不小的空地，子女也大了，不能再擠在一間房屋內，因此，張先生加蓋了三間竹屋安頓他們。但眷舍右上方山上是一大片白色天主教公墓，在心理上有一種「與鬼爲鄰」的感覺。張夫人有一千多度的近視眼，她看不清楚，子女看見嘴裡不講，心裡都不舒服。張先生自軍中假退役後，只拿八成俸。

張先生因爲有稿費、版稅，還有些積蓄，除在左營被姓譚的同學騙走二百銀元外，剩下的積蓄還可以做點別的事。因爲住左營時在銀行裡存了不少舊臺幣，那時左營中學附近的土地只要三塊多錢一坪，張先生可以買一萬多坪。但那時政府的口號是「一年準備，兩年反攻，三年掃蕩，五年成功。」張先生信以爲真，三十歲左右的人還是「少不更事」，平時又忙著上班、寫作，實在不懂政治、經濟大事，以爲政府和「最高領袖」不會騙人，五年以內真的可以回大陸，張先生又有「戰士授田證」。沒想到一改用新臺幣，張先生就損失一半存款，呼天不應。但天理不容，姓譚的同學不但無后，也死了三十多年，更沒沒無聞。張先生作人、看人的準則是：無論幹什麼都是「誠信」第一，因果比法律更公平、更準。欺人不可欺心，否則自食其果。

## 二、退休後的寫作生活

張先生四十七歲自軍職退休後，轉任台北市中山堂國大會主編十六開大本研究各國憲法政治的《憲政思潮》十八年，時任簡任一級資料組長兼圖書館長。並在東吳大學兼任副教授二十年、香港廣大學院指導教授、講座教授、指導論文寫作、不必上課。六十四歲時即請求自公職提前退休，以業務重要不准，但取得國民大會秘書長（北京朝陽大學法律系畢業）何宜武先生的首肯，六十五歲依法退休。當時國民大會、立法院、監察院簡任一級主管多延至七十歲退休，因所主管業務富有政治性，與單純的行政工作不同，六十五歲時張先生雖達法定退休年齡，還是延長了四個月才正式退休，何秘書長宜武大惑不解地問張先生：「別人請求延長退休而不可得，你為什麼反而要求退休？」張先生答以「專心寫作」，何秘書長才坦然不疑。退休後日夜寫作，因胸有成竹，很快完成了一百九十多萬字的大長篇小說《紅塵》，在鼎盛時期的《臺灣新生報》連載四年多，開中國新聞史中報紙連載最大長篇小說先河。但報社還不敢出版，經讀者熱烈反映，才出版前三大冊。當年十二月即獲行政院新聞局「著作金鼎獎」與嘉新文化基金會「優良著作獎」，亦無前例。《台灣新生報》又出九十三章至一百二十二章，只好名為《續集》。墨人在書前題五言律詩一首：

浩劫未埋身，揮淚寫紅塵，非名非利客，孰晉孰秦人？
毀譽何清問？吉凶自有因。天心應可測，憂道不憂貧。

二〇〇四年初，巴黎 youfeng 書局出版豪華典雅的法文本《紅塵》，亦開「五四」以來中文作家大長篇小說進入西方文學世界重鎮先河。時為巴黎舉辦「中國文化年」期間，兩岸作家多由政府資助出席，張先生未獲任何資助，亦未出席，但法文本《紅塵》卻在會場展出，實爲一大諷刺。張先生一生「只問耕耘，不問收穫」的寫作態度，七十多年來始終如一，不受任何外在因素影響。

# 肆、特殊事蹟與貢獻

## 一、《紅塵》出版與中法文學交流

《紅塵》寫作時間跨度長達一世紀，由清朝末年的北京龍氏家族的翰林第開始，寫到八國聯軍、滿清覆亡、民國初建、八年抗日、國共分治下的大陸與臺灣，續談臺灣的建設發展、開放大陸探親等政策。空間廣度更遍及大陸、臺灣、日本、緬甸、印度，是一部中外罕見的當代文學鉅著。墨人五十七歲時應邀出席在西方文藝復興聖地佛羅倫斯所舉辦的首屆國際文藝交流大會，會後環遊地球一周。七十歲時應邀訪問中國大陸四十天，次年即出版《大陸文學之旅》。《紅塵》一書最早於臺灣新生報連載四年多，並由該報連出三版，臺灣新生報易主後，將版權交由昭明出版社出版定本六卷。由於本書以百年來外患內亂的血淚史爲背景，寫出中國人在歷史劇變下所顯露的生命態度、文化認知、人性的進取與沉淪，引起中外許多讀者極大共鳴與回響。

旅法學者王家煜博士是法國研究中國思想的權威，曾參與中國古典文學的法文百科全書翻譯工作，他認爲深入的文化交流仍必須透過文學，而其關鍵就在於翻譯工作。從五四運動以來，中西文化交流一直是西書中譯的單向發展。直到九十年代文建會提出「中書外譯」計畫，臺灣作家才逐漸被介紹到西方，如此文學鉅著的翻譯，算是一個開始。

王家煜在巴黎大學任教中國上古思想史，他指出《紅塵》一書中所引用的詩詞以及蘊含中國思想的博大精深，是翻譯過程中最費工夫的部分。爲此，他遍尋參考資料，並與學者、詩人討論，歷時十年終於完成《紅塵》的翻譯工作，本書得以出版，感到無比的欣慰。他笑著說，這可說是「十年寒窗」。

《紅塵》法文譯本分上下兩大冊，已由法國最重要的中法文書局「友豐書店」出版。友豐負責人潘立輝謙沖寡言，三十年多來，因對中法文化交流有重大貢獻而獲得法國授予文化「騎士勳章」的榮譽。他於五年前開始成立出版部，成爲歐洲一家以出版中國圖書法文譯著爲主業的華人出版社。

潘立輝表示，王家煜先生的法文譯筆典雅、優美而流暢，使他收到「紅塵」譯稿時，愛得不忍釋手，他以一星期的時間一口氣看完，經常讀到凌晨四點。他表示出版此書不惜成本，不太可能賺錢，卻感到十分驕傲，因爲本書能讓不懂中文的旅法華人子弟，更瞭解自己文化根源的可貴之處，同時，本書的寫作技巧必對法國文壇有極大影響。

## 二、不擅作生意

張先生在六十五歲退休之前，完全是公餘寫作，在軍人、公務員生活中，張先生遭遇的挫折不少。軍職方面，張先生只升到中校就不做了，因爲過去稱張先生爲前輩、老長官的人都成爲張先生的上司，張先生怎麼能做？因爲張先生的現職是軍聞社資科室主任（他在南京時即任國防部新創立的「軍事新聞總社」實際編輯主任，因言守元先生是軍校六期老大哥，未學新聞，不在編輯之列）。但張先生以不求官，只求假退役，不擋人官路，這才退了下來。那時養來亨雞風氣盛行，在南京軍聞總社任外勤記者的姚秉凡先生頭腦靈活，他即時養來亭雞，張先生也「東施效顰」，結果將過去稿費積蓄全都賠光。

## 三、家庭生活與運動養生

張先生大兒子考取中國廣播公司編譯，結婚生子，廿七年後才退休，長孫修明取得美國南加州大學電機碩士學位，之後即在美國任電機工程師。五個子女均各婚嫁，小兒子選良以獎學金取得美國華盛頓大學化學工程博士，媳蔡傳惠為伊利諾理工學院材料科學碩士，兩孫亦已大學畢業就業，落地生根。

張先生兩老活到九十一、九十二歲還能照顧自己。（近年以一印尼女「外勞」代做家事）張先生一伏案寫作四、五小時都不休息，與臺大外文系畢業的長子選翰兩人都信佛，六十五歲退休後即吃全素。低血壓十多年來都在五十五至五十九之間，高血壓則在一百一十左右，走路「行如風」，年輕人很多都跟不上張先生，比起初來臺灣時毫不遜色，這和張先生運動有關。因為張先生住大直後山海軍眷舍八年，眷舍右上方有一大片白色天主教公墓，諸事不順，公家宿舍小，又當西曬，張先生靠稿費維持七口之家和五個子女的教育費。三伏天右手墊墳著毛巾，背後電扇長吹，三年下來，得了風濕病，手都舉不起來，花了不少錢都未治好。後來章斗航教授告訴張先生，圓山飯店前五百完人塚廣場上，有一位山西省主席閻錫山的保鑣王延年先生在教太極拳，勸張先生天一亮就趕到那裡學拳，一定可以治好。張先生一向從善如流，第二天清早就向王延年先生報名請教，王先生有教無類，收張先生這個年已四十的學生，王先生先不教拳，只教基本軟身功攀腿，卻受益非淺。

## 四、耿直的公務員性格

張先生任職時向來是「不在其位，不謀其政」。後來升簡任一級組長，有一位「地下律師」的專員，平時鑽研六法全書，混吃混喝，與西門町混混都有來往，他的前任爲大畫家齊白石女婿，平日公私不分，是非不明，借錢不還，沒有口德，人緣太差，又常約那位「地下律師」專員到家中打牌。那專員平日不簽到，甚至將簽到簿撕毀他都不哼一聲，因爲爲他多報年齡，屆齡退休時想更改年齡，但是得罪人太多，金錢方面更不清楚，所以不准再改年齡，組長由張先生繼任。

張先生第一次主持組務會報時，那位地下律師就在會報中攻擊圖書科長，張先生立即申斥，並宣佈記過。簽報上去處長都不敢得罪那地下律師，又說這是小事，想馬虎過去，張先生以秘書處名譽紀律爲重，非記過不可，讓他去法院告張先生好了。何宜武祕書長是學法的，他看了張先生簽呈同意記過，那位地下律師「專員」不但不敢告，只暗中找一位不明事理的國大「代表」來找張先生的麻煩。因事先有人告訴他，張先生完全不理那位代表，他站在張先生辦公室門口不敢進來，幾分鐘後悄然而退。人不怕鬼，鬼就怕人。諺云：「一正壓三邪」，這是經驗之談。直到張先生退休，那位專員都不敢惹事生非，西門町流氓也沒有找張先生的麻煩，當年的代表十之八九已上「西天」，張先生活到九十二歲還走路「行如風」，一坐到書桌，能連續寫作四、五小時而不倦，不然張先生怎麼能在兩岸出版約三千萬字的作品？

（原載新文豐《紮根台灣六十年》，墨人民國一百年十一月十三日校正）

墨人博士作品全集

文學是千秋藝業

秦皇漢武今何在

李白杜甫仍風流

全集共分四大類

一、散文類 二、小說類

三、文學理論類

四、新詩古典詩詞類

我出生於一個「萬般皆下品，惟有讀書高」的傳統文化家庭，且深受佛家思想影響，因祖母信佛，兩個姑母先後出家，大姑母是帶著賠嫁的錢購買依山傍水風景很好，上名山廬山的必經之地的「天后宮」出家的，小姑母的廟則在鬧中取靜的市區。我是父母求神拜佛後出生的男子，並寄名佛下，乳名聖保，上有二姊下有一妹都夭折了，在那個重男輕女的時代！我自然水漲船高了。我記得四、五歲時一位面目清秀，三十來歲文質彬彬的李晧子替我算命，母親問李晧子，我的命根穩不穩？能不能養大成人？李晧子說我十歲行運，幼年難免多病，可以養大成人，但是會遠走高飛。母親聽了憂喜交集，在那個時代不但妻以夫貴。也以子貴，有兒子在身邊就多了一層保障。母親的心理壓力很大，李晧子的「遠走高飛」那句話可不是一句好話。

到現在八十多年了，我還記得十分清楚。母親暗自憂心。何況科舉已經廢了，不必「進京趕考」，更不會「當兵吃糧」，安安穩穩作個太平紳士或是教書先生不是很好嗎？我們張家又是大族，人多勢眾，不會受人欺侮，何況二伯父的話此法律更有權威，人人敬仰，去外地「打流」又有什麼好處？因此我剛滿六歲就正式拜孔夫子入學啓蒙，從《三字經》、《百家姓》、《千字文》、《千家詩》、《論語》、《大學》、《中庸》……《孟子》、《詩經》、《左傳》讀完了都要整本背，在十幾位學生中，也只有我一人能背，我背書如唱歌，窗外還有人偷聽，他們實在缺少娛樂。除了我父親下雨天會吹吹笛子、簫，消遣之外，沒有別的娛樂，我自幼歡喜絲竹之音，但是很少聽到。讀書的人也只有我們三房、二房兩兄弟，二伯父在城裡當紳士，偶爾下鄉排難解紛，他是一族之長，更受人尊敬，因爲他大公無私，又有一百八十公分左右的身高，眉眼自有威嚴，能言善道，他的話比法律更有效力，加之民性純樸，真是「夜不閉戶，道不失遺」。只有「夏都」廬山才有這麼好的治安。我十二歲前就讀完了四書、詩經、左傳、千家詩。我最喜歡的是《千家詩》和《詩經》。

關關雎鳩，在河之洲，
窈窕淑女，君子好逑。

我覺得這種詩和講話差不多，可是更有韻味。我就喜歡這個調調。《千家詩》我也喜歡，我背得更熟。開頭那首七言絕句詩就很好懂：

雲淡風清近午天，傍花隨柳過前川。
時人不識余心樂，將謂偷閒學少年。

老師不會作詩，也不講解，只教學生背，我覺得這種詩和講話差不多，但是更有韻味。我也了解大意，我以讀書爲樂，不以爲苦。這時老師方教我四聲平仄，他所知也止於此。

我也喜歡《詩經》，這是中國最古老的詩歌文學，是集中國北方詩歌的大成。可惜三千多首被孔子刪得只剩三百首。孔子的目的是：「詩三百，一言以蔽之，曰思無邪。」孔老夫子將《詩經》當作教條。詩是人的思想情感的自然流露，是最可以表現人性的。先民質樸，孔子既然知道「食色性也」，對先民的集體創作的詩歌就不必要求太嚴，以免喪失許多文學遺產和地域特性。楚辭和詩經不同，就是地域特性和風俗民情的不同。文學藝術不是求其同，而是求其異。這樣才會多彩多姿。文學不應成爲政治工具，但可以移風易俗，亦可淨化人心。我十二歲以前所受的基礎教育，獲益良多，但也出現了一大危機，沒有老師能再教下玄。幸而有一位年近二十歲的姓王的學生在廬山一未立案的國學院求學，他問我想不想去？我自然想去，但廬山夏涼，冬天太冷，父親知道我的心意，並不反對，他對新式的人手是刀尺的教育沒有興趣，我便在飄雪的寒冬同姓王的爬上廬山，我生在平原，這是第一次爬上高山。

在廬山我有幸遇到一位湖南岳陽籍的閻毅字任之的好老師，他只有三十二歲，飽讀詩書，與民國初期的江西大詩人散原老人唱和，他的王字也寫的好。有一天他要六七十位年齡大小不一的學生各寫一首絕句給他看，我寫了一首五絕交上去，廬山松樹不少，我生在平原是看不到松樹的，我是即景生情，信手寫來，想不到閻老師特別將我從大教室調到他的書房去，在他右邊靠牆壁另加一桌一椅，教我讀書寫字，並且將我的名字「熹」改爲「熙」，視我如子。原來是他很欣賞我那首五絕中的「疏松月影亂」這一句。我只有十二歲，不懂人情世故，也不了解他的深意。時任漢口市長張群的侄子張繼文還小我一歲，卻是個天不怕、地不怕的小太保，江西省主席熊式輝的兩個小舅子大我幾歲，閻老師的侄子卻高齡二十八歲。學歷也很懸殊，有上過大學的、高中的，多是對國學有興趣，支持學校的袞袞諸公也都是有心人士，新式學校教育日漸西化，國粹將難傳承，所以創辦了這樣一個尚未立案的國學院，也未大張旗鼓正式掛牌招生，但聞風而至的要人子弟不少，校方也本著「有教無類」的原則施教，閻老師也是義務施教，他與隱居廬山的要人嚴立三先生也有交往。（抗日戰爭一開始嚴立三即出山任湖北省主席，諸閻老師任省政府秘書，此是後話。）同學中權貴子弟亦多，我雖不是當代權貴子弟，但九江先組玉公以提督將軍身分抵抗蒙古騎兵入侵雁門關戰死東昌（雁門關內北京以西縣名，一九九〇年我應邀訪問大陸四十天時去過。）而封河間王；其子輔公。以進士身分出仕，後亦應昭領兵三定交趾而封定興王；其子貞公亦有兵權，因受政客讒害而自嘉定謫居潯陽。大詩人白居易亦曾謫爲江州司馬，我另一筆名即用江州司馬。我是黃帝第五子揮的後裔，他因善造弓箭而賜姓張。遠祖張良是推薦韓信爲劉邦擊敗楚霸王項羽的漢初三傑之首。他有知人之明，深知劉邦可以共患難，不能共安樂，所以悄然引退，作逍遙遊，不像韓信爲劉邦拼命打天下，立下汗馬功勞，雖封三齊王卻死於未央宮呂后之手。這就是不知進退的後果。我很敬佩張良這位遠祖，抗日戰爭初期（一九三八）我爲不作「亡國奴」，即輾轉赴臨時首都武昌以優異成績考取軍校，一位落榜的姓熊的同學帶我們過江去漢口。中共未公開招生的「抗日大學」（當時國共合作抗日，中共在漢口以「抗大」名義吸收人才。）辦事處參觀，接待我們的是一位讀完大學二年級才貌雙全，口才奇佳的女生獨對我說負責保送我免試進「抗大」一期，因未提其他同學，我不去。一年後我又在軍校提前一個月畢業，因我又考取陪都重慶中央政府培養高級軍政幹部的中央訓練團，而特設的新聞「新聞研究班」第一期，與我同期的有爲新詩奉獻心力的覃子豪兄（可惜五十二歲早逝）和中央社東京分社主任兼國際記者協會主席的李嘉兄。他在我訪問東京時曾與我合影留念，並親贈我精裝《日本專欄》三本。他七十歲時過世，這兩張照片我都編入「全集」一百九十多萬字的空前大長篇小說（紅塵）照片類中。而今在台同學只有兩位了。

民國二十八年（一九三九）九月我以軍官、記者雙重身分，奉派到第三戰區最前線的第三十二集團軍上官雲相總部所在地，唐宋八大家之一，又是大政治家王安石，尊稱王荊公的家鄉臨川，（屬撫州市）作軍事記者，時年十九歲，因第一篇戰地特寫《臨川新貌》經第三戰區長官都主辦的行銷甚廣的《前線日報》發表，隨即由淪陷區上海市美國人經營的《大美晚報》轉載，而轉爲文學創作，因我已意識到新聞性的作品易成「明日黃花」，文學創作則可大可久，我爲了寫大長篇《紅塵》、六十四歲時就請求提前退休，學法出身的秘書長何宜武先生大惑不解，他對我說：

「別人想幹你這個工作我都不給他，你爲什麼要退？」我幹了十幾年他只知道我是個奉公守法的張萬熙，不知道我是「作家」墨人，有一次國立師範大學校長劉真先生告訴他張萬熙就是墨人，劉校長看了我在當時的「中國時報」發表的幾篇有關中國文化的理論文章，他希望我繼續寫，劉校長真是有心人。沒想到他在何宜武秘書長面前過獎，使我不能提前退休，要我幹到六十五歲多四個月才退了下來。現在事隔二十多年我才提這件事。鼎盛時期的（台灣新生報）連載四年多的拙作《紅塵》出版前三冊時就同時獲得新聞局著作金鼎獎和嘉新文化基金會「優良著作獎」，劉真校長也是嘉新文化基金會的評審委員之一，他一定也是投贊成票的。「世有伯樂而後有千里馬」。我九十二歲了，現在經濟雖不景氣，但我還是重讀重校了拙作「全集」我一向只問耕耘，不問收穫，我歷任軍、公、教三種性質不同的職務，經過重重考核關卡，寫作七十三年，經過編者的考核更多，我自己從來不辦出版社。我重視分工合作。我頭腦清醒，是非分明，歷史人物中我更敬佩遠祖張良，不是劉邦。張良的進退自如我更歎服。在政治角力場中要保持頭腦清醒，人性尊嚴並非易事。我們張姓歷代名人甚多，我對遠祖張良的進退自如尤爲歎服，因此我將民國四十年在台灣出生的幼子依譜序取名選良。他早年留美取得化學工程博士學位，雖有獎學金，但生活仍然艱苦，美國地方大，出入非有汽車不可，這就不是獎學金所能應付的，我不能不額外支持，他取得化學工程博士學位與取得材料科學碩士學位的媳婦蔡傳惠雙雙回台北探親，且各有所成，幼子曾研究生產了飛機太空船用的抗高溫的纖維，媳婦則是一家公司的經理，下屬多是白人，兩孫亦各有專長，在台北出生的長孫是美國南加州大學的電機碩士，在經濟不景氣中亦獲任工程師，我不要第三代走這條文學小徑，是現實客觀環境的教訓，我何必讓第三代跟我一樣忍受生活的煎熬，這會使有文學良心的人精神崩潰的。我因經常運動，又吃全素二十多年，九十二歲還能連寫四、五小時而不倦。我寫作了七十多年，也苦中有樂，但心臟強，又無高血壓，一是得天獨厚，二是生活自我節制，我到現在血壓還是60－110之間，沒有變動，寫作也少戴老花眼鏡，走路仍然「行如風」，十分輕快，我在國民大會主編《憲政思潮》十八年，看到不少在大陸選出來的老代表，走路兩腳在地上蹉跎，這就來日不多了。個人的健康與否看他走路就可以判斷，作家寫作如在八十歲以後還不戴老花眼鏡，沒有高血壓，長命百歲絕無問題。如再能看輕名利，不在意得失，自然是仙翁了。健康長壽對任何人都很重要，對詩人作家更重要。

一九九〇年我七十歲應邀訪問大陸四十天作「文學之旅」時，首站北京，我先看望已九十高齡的老前輩散文作家，大家閨秀型的風範，平易近人，不慍不火的冰心，她也「勞改」過，但仍心平氣和。本來我也想看看老舍，但老舍已投湖而死，他的公子舒乙是中國現代文學館的副館長，他也出面接待我，還送了我一本他編寫的《老舍之死》，隨後又出席了北京詩人作家與我的座談會，參加七十賤辰的慶生宴，彈指之間卻已二十多年了。我訪問大陸四十天，次年即由台北「文史哲出版社」出版照片文字俱備的四二五頁的《大陸文學之旅》。不虛此行。大陸文友看了這本書的無不驚異，他們想不到我七十一高齡還有這樣的快筆，而又公正詳實。他們不知我行前的準備工作花了多少時間，也不知道我一開筆就很快。

我拜會的第二位是跌斷了右臂的詩人艾青，他住協和醫院，我們一見如故，他是浙江金華人，卻體格高大，性情直爽如燕趙之士，完全不像南方金華人。我們一見面他就緊握著我的手不放，侃侃而談，我不知道他編《詩刊》時選過我的新詩。在此之前我交往過的詩人作家不少，沒有像他如此豪放真誠，我告別時他突然放聲大哭，陪我去看他的北京新華社社長族侄張選國先生，陪我四十天作《大陸文學之旅》的廣州電視台深圳站站長高麗華女士，文字攝影記者譚海屏先生等多人，不但我為艾青感傷，陪同我去看艾青的人也心有戚戚焉，所幸他去世後安葬在八寶山中共要人公墓，他是大陸唯一的詩人作家有此殊榮。台灣單身詩人同上校軍文黃仲琮先生，死後屍臭才有人知道，他小我二歲，如我不生前買好八坪墓地，連子女也只好將我兩老草草火化，這是與我共患難一生的老伴死也不甘心的，抗日戰爭時她父親就是我單獨送上江西南城北門外義山土葬的。這是中國人「入土為安」的共識。也許有讀者會問這和文學創作有什麼關係？但文學創作不是單純的文字工作，而是作者整個文化觀、文學觀，人生觀的具體表現，不可分離。詩人作家不能「瞎子摸象」，還要有「舉一反三」的能力。我做人很低調。寫作也不唱高調，但也會作不平之鳴、仗義直言。我不鄉愿，我重視一步一個腳印，「打高空」可以譁眾邀寵於一時，但「旁觀者清」，讀者中藏龍臥虎，那些不輕易表態的多是高人。高人一旦直言不隱，會使洋洋自得者現出原形。作品一旦公諸於世，一切後果都要由作者自己負責，這也是天經地義的事。

我寫作七十多年無功無祿，我因熬夜寫作頭暈住馬偕醫院一個星期也沒有人知道，更不像大陸的當代作家、詩人是有給制，有同教授的待遇，而稿費、版稅都歸作者所有。依據民國九十八年一月十日「中國時報」A十四版「二〇〇八年中國作家富豪榜單」二十五名收入人民幣的數字統計，第一高的郭敬明一年是一千三百萬人民幣，第二名鄭淵潔是一千一百萬人民幣，第三名楊紅櫻是九百八十萬人民幣。最少的第二十五名的李西閩也有一百萬人民幣，以人民幣與台幣最近的匯率近一比四・五而言，現在大陸作家一年的收入就如此之多，是我一九九〇年應邀訪問大陸四十天作文學之旅時所未想像到的，而現在的台灣作家與我年紀相近的二十年前即已停筆，原因之一是發表出版兩難，二是年齡太大了。民國九十八年（二〇〇九）以前就有張漱菡（本名欣禾）、尹雪曼、劉枋、王書川、艾雯、嚴友梅六位去世，嚴友梅還小我四、五歲，小我兩歲的小說家楊念慈則行動不便，鬍鬚相當長，可以賣老了。我托天佑，又自我節制，二十多年來吃全素，又未停止運動，也未停筆，最近在台北榮民總醫院驗血檢查，健康正常。我也有我的養生之道，每天吃枸杞子明目，吃南瓜子抑制攝護腺肥大，多走路、少坐車，伏案寫作四、五小時而不疲倦，此非一日之功。

民國九十八（二〇〇九）己丑，是我來台六十周年，這六十年來只搬過兩次家，第一次從左營搬到台北大直海軍眷舍，在那一大片天主教白色公墓之下，我原先不重視風水，也無錢自購住宅，想不到鄰居的子女有得神經病的，有在金門車禍死亡的，大人有坐牢的，有槍斃的，也有得神經病的，我退役養雞也賠光了過去稿費的積蓄，讀台大外文系的大兒子也生病，我則諸事不順，直到搬到大屯山下坐北朝南的兩層樓的獨門獨院自宅後，自然諸事順遂，我退休後更能安心寫作，遠離台北市區，真是「市遠無兼味，地僻客來稀。」同里鄰的多是市井小民，但治安很好，誰也不知道我是爬格子的，連警察先生也不光顧舍下，除了近十年常有人打電話來騙我，幸未上大當外，我安心過自己的生活。當年「移民潮」去不了美國的也會去加拿大，我是「美國人」的祖父，我不移民美國，更別說去加拿大了。娑婆世界無常，早年即移民美國的琦君（本名潘希真）、彭歌，最後還是回到台灣來了，這不能說台灣是「天堂」，以我的體驗而言是台北市氣候宜人，夏天三十四度以上的日子少，冬天十度以下的日子也很少，老年人更不能適應零度以下的氣溫，我只有冬天上大屯山、七星山頂才能見雪。有高血壓、心臟病的老人更不能適應。我不想做美國公民，做台灣平民六十多年，也沒有自卑感。

娑婆世界是一個無常的世界，天有不測風雲，人有旦夕禍福，老子早說過：「福兮禍所倚，禍兮福所伏。」禍福無門，唯人自招。我一生不起歪念，更不損人利己，與人爲善。雖常吃暗虧，只當作上了一課。這個花花世界是我學不完的大教室，萬丈紅塵其中也有黑洞，我心存善念，更不造文字孽，不投機取巧，不違背良知，蒼天自有公斷，我本著文學良心寫作，盡其在我而已，讀者是最好的裁判。

民國一〇〇年（二〇一一）辛卯七月二十九日下午六時二十三分於紅塵寄廬

1951 年墨人 31 歲與夫人曾麗春女士（30 歲）結婚十周年紀念合影於左營

墨人博士七十壽辰與夫人曾麗春女士合影。此照為大翻譯家、文學理論家黃文範先生所攝，並在照片背後題「南山北海惟仁者壽」。

民國二十九年(1940)作者墨人在江西南城戎裝照。

1939 年墨人即自戰時陪都四川重慶奉派至江西臨川王安石家鄉，第三戰區前線任軍事記者創辦軍報，提供抗日官兵精神食糧。時年 19 歲。

2010 年「五四」作者墨人 91 歲在花蓮和南寺家人合影

2003 年 8 月 26 日作者墨人（中）在含鄱口觀山景點與
作者長女韻華、長子選翰、三女韻湘、二女韻真合影。

2005 年 2 月作者次子選良（右一）回台北與父（右二）及
作者夫人（中）三女韻湘（左二）二女韻真（左一）合影。

作者墨人在書房留影，時年八十五歲。

《墨人博士大長篇小說〈紅塵〉法文譯本封面照片》

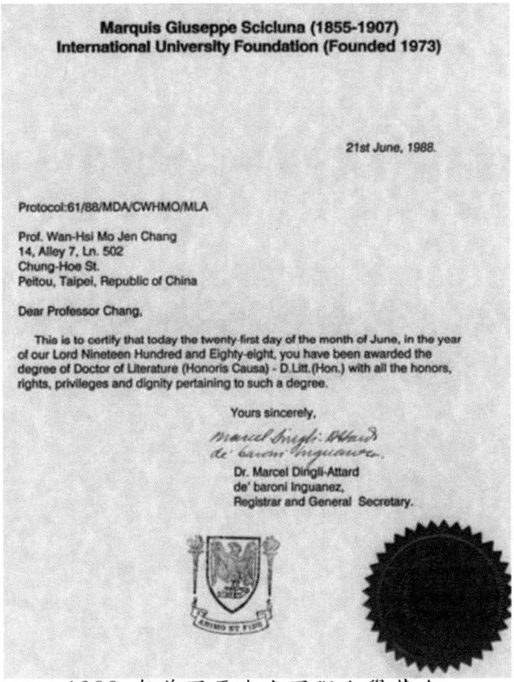

**Marquis Giuseppe Scicluna (1855-1907)**
**International University Foundation (Founded 1973)**

21st June, 1988.

Protocol:61/88/MDA/CWHMO/MLA

Prof. Wan-Hsi Mo Jen Chang
14, Alley 7, Ln. 502
Chung-Hoe St.
Peitou, Taipei, Republic of China

Dear Professor Chang,

This is to certify that today the twenty-first day of the month of June, in the year of our Lord Nineteen Hundred and Eighty-eight, you have been awarded the degree of Doctor of Literature (Honoris Causa) - D.Litt.(Hon.) with all the honors, rights, privileges and dignity pertaining to such a degree.

Yours sincerely,

Dr. Marcel Dingli-Attard
de' baroni Inguanez,
Registrar and General Secretary.

1988 年美國馬奎士國際大學基金會，授予張萬熙墨人教授榮譽文學博士學位證書。

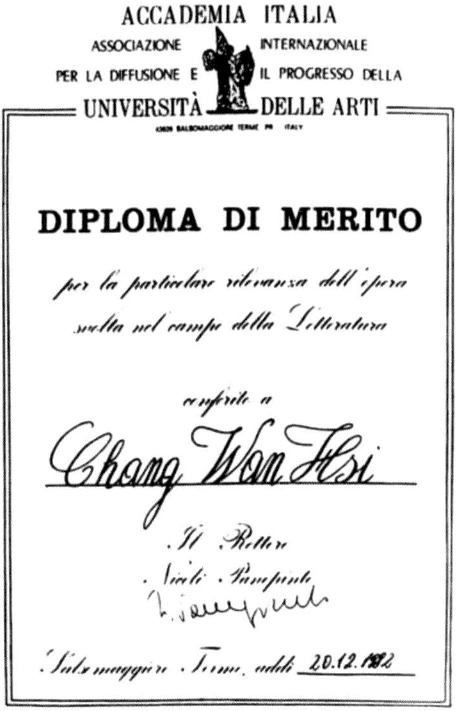

ACCADEMIA ITALIA
ASSOCIAZIONE INTERNAZIONALE
PER LA DIFFUSIONE E IL PROGRESSO DELLA
UNIVERSITÀ DELLE ARTI

**DIPLOMA DI MERITO**

*per la particolare rilevanza dell'opera scelta nel campo della Letteratura*

*conferito a*

*Chang Wan Hsi*

*Il Rettore*

*Salsomaggiore Terme, addì 20.12.1982*

義大利出版英、法、德、義四種文字的「國際文學史」的 ACCADEMIA ITALIA, 1982 年授予墨人的文學功績證書。

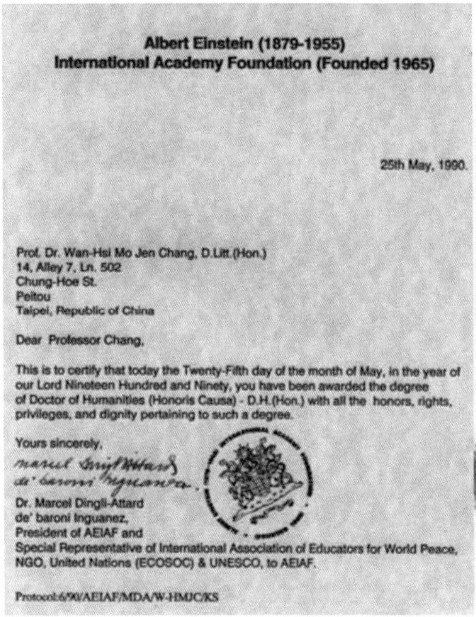

**Albert Einstein (1879-1955)**
**International Academy Foundation (Founded 1965)**

25th May, 1990.

Prof. Dr. Wan-Hsi Mo Jen Chang, D.Litt.(Hon.)
14, Alley 7, Ln. 502
Chung-Hoe St.
Peitou
Taipei, Republic of China

Dear Professor Chang,

This is to certify that today the Twenty-Fifth day of the month of May, in the year of our Lord Nineteen Hundred and Ninety, you have been awarded the degree of Doctor of Humanities (Honoris Causa) - D.H.(Hon.) with all the honors, rights, privileges, and dignity pertaining to such a degree.

Yours sincerely,

Dr. Marcel Dingli-Attard
de' baroni Inguanez,
President of AEIAF and
Special Representative of International Association of Educators for World Peace, NGO, United Nations (ECOSOC) & UNESCO, to AEIAF.

Protocol:6/90/AEIAF/MDA/W-HMJC/KS

1990 年美國愛因斯坦國際學院基金會授予張萬熙墨人教授榮譽人文學（含哲學文學藝術語言四種）博士學位

WORLD UNIVERSITY ROUNDTABLE
In Corporate Affiliation with the World University
Greetings
In recognition of Distinguished Achievement within the principles and purposes of the World University development, the Trustees of the Corporation, upon the nomination of the Secretariat, confer doctoral membership and this honorary award upon
Chang Wan-Hsi (Mo Jen)
The Cultural Doctorate in Literature
with all rights and privileges there to pertaining.

Witness our hand and seal at the International Secretariat Regional Campus, Benson, Arizona April 17, 1989
President of the Board of Trustees
Secretary of the Board of Trustees

1989 年美國世界大學授予張萬熙墨人榮譽文學博士學位，文化大學創辦人張其昀（曉峰）先生亦獲此榮譽。

THIS PICTORIAL TESTIMONIAL OF ACHIEVEMENT AND DISTINCTION proclaims throughout the world that

DR. CHANG WAN-HSI (MO JEN)

is the recipient of the above-mentioned Honour, granted by the Board of Editors of the

2000 OUTSTANDING SCHOLARS OF THE 20TH CENTURY

meeting in Cambridge, England, on the date set out below, AND that the Board also resolves that a portrait photograph of

DR. CHANG WAN-HSI (MO JEN)

be attached to this Testimonial as verification of the Honour bestowed.

2000 OUTSTANDING SCHOLARS OF THE 20TH CENTURY

First Edition

Signed and sealed on the 14th December 1999

Authorized Officer

1999 年 10 月張萬熙墨人博士榮登英國劍橋國際傳記中心《二十世二千位傑出學者》第一版證書。

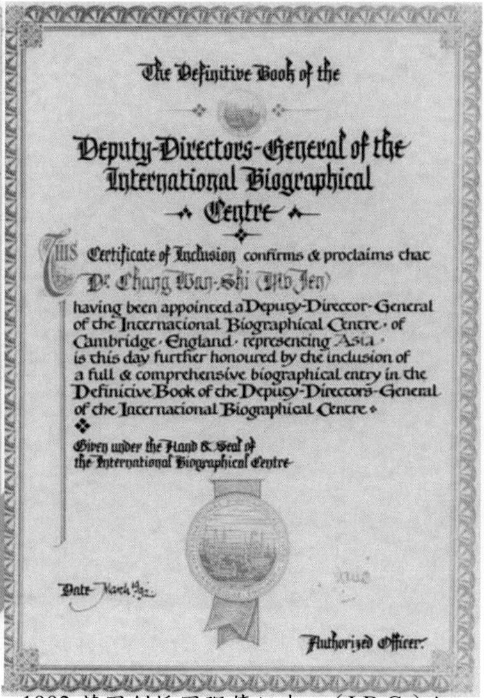
The Definitive Book of the Deputy-Directors-General of the International Biographical Centre

This Certificate of Inclusion confirms & proclaims that Dr. Chang Wan-Shi (Mo Jen) having been appointed a Deputy-Director-General of the International Biographical Centre of Cambridge England representing Asia is this day further honoured by the inclusion of a full & comprehensive biographical entry in the Definitive Book of the Deputy-Directors-General of the International Biographical Centre.

Given under the Hand & Seal of the International Biographical Centre

Date

Authorized Officer

1992 英國劍橋國際傳記中心（I.B.C.）任張萬熙墨人博士為代表亞洲的副總裁。

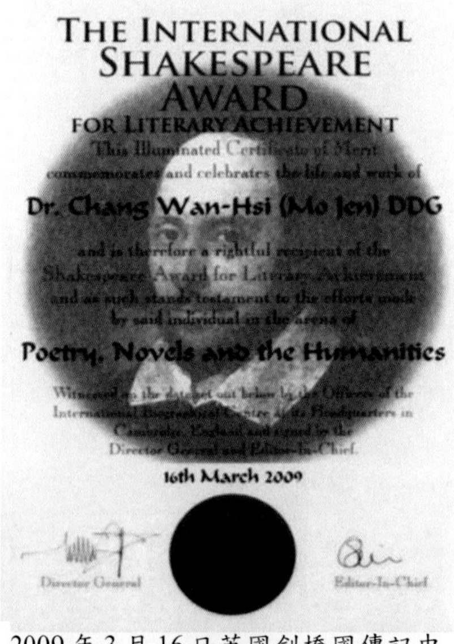
THE INTERNATIONAL SHAKESPEARE AWARD FOR LITERARY ACHIEVEMENT

This Illuminated Certificate of Merit commemorates and celebrates the life and work of

Dr. Chang Wan-Hsi (Mo Jen) DDG

and is therefore a rightful recipient of the Shakespeare Award for Literary Achievement and as such stands testament to the efforts made by said individual in the arena of

Poetry, Novels and the Humanities

Witnessed on the date set out below by the Officers of the International Biographical Centre at its Headquarters in Cambridge, England and signed by the Director General and Editor-In-Chief.

16th March 2009

Director General　　Editor-In-Chief

2009 年 3 月 16 日英國劍橋國傳記中心總裁與總編輯聯合授予張萬熙墨人博士國際莎士比亞文學成就獎。

International Biographical Centre Cambridge CB2 3QP England
Telephone: +44 (0) 1353 646600 Facsimile: +44 (0) 1353 646601

IBC

REF : LAA/MED/MW-13640

13 November 2002

Dr Chang Wan-Hsi (Mo Jen) DDG
14 Alley 7, Lane 502
Chung Ho Street
Peitou
Taipei
Taiwan

Dear Dr Chang

Please find enclosed the Medal in respect of the **Lifetime Achievement Award** which I hope meets with your approval.

Yours sincerely

MICHELLE WHITEHALL
Personal Assistant to the Director General

Enc



英國劍橋國傳記中心（I.B.C.）2002 年頒發詩人作家張萬熙（墨人）博士終身成就獎，英文信及金牌正反面照片墨人早年即被 I.B.C.推選為副總裁。

# 我讀全唐詩(代序)

墨人

去年底，我寫完了一百九十多萬字的大長篇小說《紅塵》之後，總算完成了十幾年的大心願，也僥倖保全了老命。我覺得上天待我不薄，有生之年，應該繼續多作一點我歡喜作而且能作的事。

我對於退休生活早有計畫，提前退休雖未如願，但屆齡退休就不能再强留。我不是官場中人，我志在山林，讀書寫作；以往因子女衆多，生活負擔太重，不能不犧牲有限的生命，以上班換取微薄的但較爲固定的收入，現在我的家庭責任已經完了，我可以放心作我自己的事。

全唐詩、全宋詞是早在我退休之前就買好了的，但沒有時間研讀這兩大巨著。因此，大長篇完成之後，休息了幾天，我就開始研讀全唐詩，邊讀邊寫「全唐詩尋幽探微」，現在總算將這件預定的工作也完成了。

全唐詩共有四萬八千九百多首，詩人亦多達兩千兩百餘人，我總共選了兩百五十多家，六百四十多首，比唐詩三百首多一倍以上。人數更多，範圍更廣。有許多作品甚少，聲名不彰的作者，而又爲人疏忽的好詩，我特別選了出來。有些作者作品多至數百首，但多平淡庸俗者，我一首也沒有選，此中原因我在文中有更多的說明。此外，每位作者均附有生平簡介，尤其注重其思想風格，與作品分析評鑑。

全唐詩包含了帝、王、后、妃、宮女、宦官、士子、僧、尼、道士、神仙、鬼、怪、妓女、甚至夢中詩，層面深而且廣。還有詞、讖記、歌謠、諧謔，諺謎，語、酒令、占辭、蒙求。除詩以外，一概不錄，因爲那些非詩之正統，詞亦留在研讀全唐宋詞時，合併評選。

全唐詩人如以儒、釋、道三家思想分論，儒家士子詩人自然首推杜甫，杜牧、李商隱、杜荀鶴……等，他們都是重要的詩人。而游於儒、釋、道三家之間的詩人，則以李白、白居易、王維……等爲代表人物。道家詩人則以寒山子、呂洞賓爲代表人物。佛家詩人以靈一、拾得、皎然、貫休、齊己等爲代表人物。婦女詩人首推花蕊夫人徐氏和薛濤、魚玄機。

就詩的質與量而論，白居易是全唐最重要的詩人。李白有詩一千一百二十五首，杜甫有詩一千四百五十八首，兩人合共二千五百八十三首（補遺甚少，未計。）；而白居易一人卽有二千八百三十七首，比李、杜二人的詩加起來還多兩百五十四首，白居易的作品佔了全唐詩將近十七分之一，而且他的詩在水準上也絕不在李、杜之下。這是我的第一個發現，而重新評價。

第二，寒山子有詩六百首，但全唐詩裏只收到三百一十一首，以人生思想境界來講，寒山子是全唐詩人當中最高的一位。李白不能比，杜甫更不能比。法國漢學家Patrick Carre 最近翻譯出版「寒山詩集」不是沒有原因的。

第三，寒山子是道家的出世派、隱士，但不是神仙，所以他對道家修仙的實務寫的很少。而呂洞賓則對道家的思想理論與修仙實務寫的最完整、最有體系。道家思想淵源於易經和道德經，是中國的正統文化，是以宇宙爲中心以人爲本的文化，是最重宇宙自然法則的，所以它能統合科學與人文。呂洞賓是天人合一的實踐者，是唐朝以來道家修仙的出世派中貢獻最大的人，不止於詩。

從全唐詩看中國文學思想和哲學境界，使我體認到：凡是具有道家思想和學養的詩人，其作品多富靈性，圓融活潑而無俗氣；如再與佛家思想契合，更可相輔相成。不僅詩如此，小說亦然。曹雪芹的「紅樓夢」之不同凡響，即爲明證。

讀全唐詩使我終日面對古人，如對益友，完全忘掉了這個庸俗的社會，更無視於「商業文學」。文學搭上了「商業巴士」，那有文學？

由於讀全唐詩的關係，在不到一年時間內，我也寫了十九首絕律詩，加上乙丑年以前寫的十七首絕律詩，共計三十六首，編爲一集，與「全唐詩尋幽探微」合併出版。希望在新詩之外，大家能再回顧我們的古典詩，重視我們的古典詩。古典詩格律雖嚴，但並未走進死巷子，同樣能予現代人以現代感。而其語言文字之精鍊，則非新詩所能企及，大可不必揚棄。法國漢學家Paul Jacob和Patrick Carre翻譯出版李白、寒山子、王維、鄭板橋等人詩集，和法國人喜歡中國古典詩的美、博與哲學意義，更值得我們反省深思。

民國七十五年丙寅十月廿二日於北投

# 目錄

# 全唐詩尋幽探微

## 小引

唐朝開國之初，以聲律取士，英才俊彥，均習六義，以爲進身之階，帝后妃嬪、僧道閨秀，亦多唱和，蔚爲一代之風。其成就之大，可謂空前絕後，所以言詩必唐。後代詩人傑出者雖多，但不足與唐比。

全唐詩共得四萬八千九百餘首，二千二百餘人，依時間先後編爲九百卷，康熙功不可沒。「唐詩三百首」所選唐詩不到百分之一，詩人更寥寥可數。我讀全唐詩除對盛名歷千年而不衰的大詩人特別尊敬外，對那些埋名千古，乃至僅有詩一首的作者，亦一視同仁，甚至格外注意，尋幽探微，隨讀隨錄，以供今人重新評價，亦生死人而肉白骨之意也。如能引起青年讀者對我國傳統詩的重視，更幸甚矣。

## 太宗

太宗詩共九十九首，另三首只有兩句。

太宗的文治武功，爲帝王中少有。貞觀之治，可望成康。初建秦邸，即開文學舘，召名儒十八人爲學士。即位後，殿左置弘文舘、引內學士，番宿更休。聽朝間，則與討論典籍，雜以文詠，日昃夜艾，未嘗少怠。唐朝三百年風雅，以詩名世，太宗實開其端。上行下效，無怪其然。

令我奇怪的是，太宗詩多五言，又多用去、入聲韻。以他的開闊心胸，文治武功，當用平、上聲韻，才能顯出開朗。

詩在基本上是抒情的，不論舊詩新詩，都以抒情爲重，紀事次之。唯有抒情才能直扣心弦，歷久不衰。我看太宗的詩也是抒情最佳，如「首春」：

寒隨窮律變，春逐鳥聲開。初風飄帶柳，晚雪間花梅；
碧林青舊竹，綠沼翠新苔。芝田初雁去，綺樹巧鶯來。

這是一首律詩，初唐詩格律不嚴，有三言、四言、五言、六言、七言、八言；有四行、八行、十行、十二行不等，這首律詩一開頭就用對仗，而且對得很好。中間兩聯也很工穩，初字、飄字、晚字、間字、碧字、青字、綠字、翠字，形容詞、動詞的組合運用，完全點出了「首春」景象。第二句的「春逐鳥聲開」，和最後一句的「綺樹巧鶯來」，都有畫龍點睛之妙。帝王有此才情，固不止於馬上得天下也。

其他如「初夏」、「儀鑾殿早秋」、「詠風」、「詠雨」，都是很不錯的抒情之作。而「采芙蓉」一首，共有十行，中間兩聯「船移分細浪，風散動浮香；遊鶯無完曲，驚鳧有亂行。」都是對仗工穩，意象生動的佳句。新詩用加倍的文字也不容易辦到。

「秋日二首」的第一首與「首春」是異曲同工的佳作：

菊散金風起，荷疏玉露圓。將秋數行雁，離夏幾林蟬；

雲凝愁半嶺，霞碎纈高天。還似成都望，直見峨眉前。

這首律詩開頭兩句也用對仗，對夏秋之交的景象描寫得很好，「將秋數行雁，離夏幾林蟬」，這兩句更令人喜歡，大陸上一到秋天，就有雁陣横空，十分壯麗。但初秋時只有三幾行掠空而過，一到秋冬之交，天氣更冷，西伯利亞的雁羣才傾空而來，但他們的隊形十分嚴整。「將秋數行雁」，則是初秋景象，在臺灣無此眼福，他的另一首「賦得早雁出雲鳴」也是寫初秋之雁：「初秋玉露清，早雁出空鳴，隔雲時亂影，因風乍合聲。」這首詩的妙處就在「隔雲時亂影，因風乍合聲。」兩句。

此外他詠燭二首的第一首也妙：

焰聽風來動，花開不待春。鎮下千行淚，非是爲思人。

「賦得臨池柳」，也和「詠燭」異曲同工：

岸曲絲陰聚，波移帶影疏。還將眉裏翠，來就鏡中舒。

從這些詩看來，唐太宗實在是一位風流蘊藉的才人，無怪能成其貞觀之治，開唐三百年詩風，創中國文學史最燦爛的一頁。

## 宣　宗

唐朝帝王自太宗以下，如高宗、中宗、睿宗、明皇、肅宗、德宗、文宗、宣宗多能詩，除太宗外，以明皇詩最多，共六十三首，另兩首不全。惜抒情詩少，直扣人心者不多。宣宗雖僅存詩六首，俱清新可誦。他愛與學士唱和，公卿出鎮，多賦詩餞行，重科第，愛才若渴。我們可以從他的「弔白居易」詩得見一斑：

綴玉聯珠六十年，誰教冥籍作詩仙？浮雲不繫名居易，造化無爲字樂天；

童子解吟長恨曲，胡兒能唱琵琶篇。文章已滿行人耳，一度思卿一愴然。

從這首詩中可見他對白居易瞭解之深，一片眞情，絕非應酬之作可比，詩之工穩，猶其餘事。

此外他的「百丈山」也是好詩：

大雄眞跡枕危巒，梵宇層樓聳萬般。日月每從肩上過，山河長在掌中看；

仙峯不間三春秀，靈境何時天月寒？更有上方人罕到，暮鐘朝磬碧雲端。

這首詩吐屬不凡，「日月每從肩上過，山河長在掌中看。」兩句，口氣很大，而後四句意境又很高。從這首詩中我們可以看出他是一位能出能入，能放能收的帝王，原來他爲光王時，爲武宗所忌，多晦跡爲方外遊，這首「百丈山」可以說是他的自況。有此胸襟，所以「大中之政，有貞觀風。」

他的「題涇縣水西寺」詩，也是好詩：

大殿連雲接爽溪，鐘聲還與鼓聲齊。長安若問江南事，說道風光在水西。

從這首詩可以看出他的才情。寫詩最怕寒傖俗氣，不論新詩舊詩，莫不如此。宣宗之詩，不但無寒傖氣，亦無富貴逼人意，而有灑脫飄逸之致。難得！

## 武則天

唐朝后妃中，武則天是一位人人皆知的人物，也是中國第一位女皇帝，電視劇「一代女皇」，更利用她賺了大錢。但電視劇只演出她在權力鬪爭中一步步爬上皇帝寶座，却沒有表現她的文學才華。她著垂拱集百卷、金輪集六卷、存詩四十六首。如果在電視劇裏讓她即席賦詩，那會更可愛。大概是現在不作興這回事兒，還不如讓武則天唱兩首「校園歌」賺錢，所以也就免了吧！

武則天的四十六首詩，有三言的、四言的、五言的、六言的、七言的、八言的，除了官式的詩沒有什麼可看的，抒情寫景的倒值得一讀。而她的「如意娘」，雖名商調曲，應是一首情詩。原來她的面首男寵有薛懷義、沈懷璆、張昌宗、張易之、薛敖曹等人，她得到薛敖曹又是在古稀之年，爲了這位面首還改元「如意」。我們且看「如意娘」這首詩：

看朱成碧思紛紛，顦顇支離爲憶君。不信比來長下淚，開箱驗取石榴裙。

這首詩表現了武則天女性的一面，女性的心理，權力之外，仍有柔情。

## 徐賢妃

太宗徐賢妃名惠，五月能言，四歲通論語詩，八歲屬文，是一位才女。存詩五首。「進太宗」五言絕句云：

朝來臨鏡臺，妝罷暫裴回。千金始一笑，一召詎能來？

原來長安崇聖寺有賢妃妝殿，太宗曾召妃，久不至。太宗生氣，她便寫了這首詩。她敢如此撒嬌，可見太宗對她的喜愛，也的是可人。她的「賦得北方有佳人」是一首描寫佳人的好詩：

由來稱獨立，本自號傾城。柳葉眉間發，桃花臉上生；

腕搖金釧響，步轉玉環鳴；纖腰宜寶袜，紅衫艷織成。懸知一顧重，別覺舞腰輕。

這首十行詩表現了佳人的靜態美和動態美，妙在中間三聯和最後一句。

## 李　昪

南唐先主李昪，嗣主李璟，後主李煜，均能詩，又都收入全唐詩。李煜詩詞俱佳，令人迴腸盪氣。先主九歲時曾作「詠燈」詩：

一點分明値萬金，開時惟冷怕風侵。主人若也勤挑撥，敢向尊前不盡心？

可見其詩才。

## 李　璟

嗣主的「登樓賦」，亦如行雲流水，是七律佳作：

珠簾高卷莫輕遮，往往相逢隔歲華。春氣昨宵飄律管，東風今日放梅花；素姿好把芳姿掩，落勢還同舞勢斜。坐有賓朋尊有酒，可憐清味屬儂家。

## 李　煜

後主得乃祖父乃父遺傳，得天獨厚，天才橫溢，十八首詩中，無一不佳，是天生的詩人詞人，世不多見。他和李易安、朱淑眞，不知賺了多少人的眼淚！

後主只應作詩人、詞人，不宜作帝王。他偏偏不幸而為亡國之君，丟了江山，却留下千古不朽的作品，又是不幸中之大幸。他的詞令人廻腸盪氣，詩亦如是。他是位情感豐富的性情中人，他的詩詞之感人，其故在此。且看他弔昭惠后周氏的兩首七絕「感懷」：

又見桐花發舊枝，一樓煙雨暮淒淒。凭欄惆悵人誰會？不覺潸然淚眼低。

層城無復見嬌姿，佳節纏哀不自持。空有當年舊煙月，芙蓉城上哭蛾眉。

這都是兒女之情。他的「渡中江望石城泣下」則是家國之痛：

江南江北舊家鄉，三十年來夢一場。吳苑宮闈今冷落，廣陵臺殿已荒涼；

雲籠遠岫愁千片，雨打歸舟淚萬行。兄弟四人三百口，不堪閒坐細思量。

最後四句充分表示亡國的沉哀，而「雲籠遠岫愁千片，雨打歸舟淚萬行。」對仗之工穩，音節之美，無以復加。他的詩詞不離兒女情，亡國恨，也唯有他這份才情，才能表達，才能賺人眼淚。他是天生的詩人詞人，却不是當皇帝的材料。

## 李義府

唐初諸臣，詩雖不少，但多為「奉和」「應制」之類的作品，缺少性靈，反不如帝王后妃詩之天機活潑，故可讀者不多，傳者更少。倒是太宗、高宗時的李義府一首「詠烏」五絕，能見性情：

日裏颺朝彩，琴中伴夜啼。上林如許樹，不借一枝棲。

他這首詩是在初遇太宗時寫的，太宗雅人雅量，反而對他說：

與卿全樹，何止一枝？

太宗之爲太宗，於此可見。李義府的這首詩，亦應可傳。

## 王　勃

初唐詩人王勃，龍門人，與楊炯、盧照鄰、駱賓王，稱爲「四傑」。六歲能文，未冠應舉及第，恃才傲物，坐事除名。父爲交趾令，勃往省覲，道經南昌、閻伯嶼宴於滕王閣，即席作滕王閣序。「落霞與孤鶩齊飛，秋水共長天一色。」爲千古名句。全唐詩編入王詩二卷，共八十九首，八十九首詩中傳誦不絕的是「海內存知已，天涯若比鄰」兩句。詩題是「杜少府之任蜀州」，這是一首五律：

城闕輔三秦，風煙望五津。與君離別意，同是宦遊人；

海內存知已，天涯若比鄰。無爲在岐路，兒女共霑巾。

這首詩最好的也就是那膾炙人口的一聯，不但對仗工穩，也直指人心。

在唐初詩人中，他是死得很早的一位，二十八歲渡海溺水，驚悸而卒，可以說是短命的詩人，但他留下的作品卻相當多，除詩外，另有文集三十卷。

## 李　嶠

李嶠的作品編入全唐詩的共有五卷，二百零九首，是相當多的一位，他的詠物詩也特別多，如日、月、星、雲、煙、露、霧、雨、雲、山、石……而詠「風」的就有兩首，一是五律，一是五絕，他的二百零九首詩中，最好的是詠「風」五絕：

解落三秋葉，能開二月花。過江千尺浪，入竹萬竿斜。

這四句詩將秋風、春風的特性，以及「風勢」都巧妙地表現出來，而全首又無一風字，的是高手。

此外他送李邕五律一首也是比較好的作品：

落日荒郊外，風景正淒淒。離人席上起，征馬路旁嘶；

別酒傾壺贈，行書掩淚題。殷勤御溝水，從此各東西。

李嶠在唐朝詩人中，不是一位家喻戶曉的人物。但在武后時，官鳳閣舍人，封趙國公，每有大手筆，皆李嶠爲之，富於才思，初與王勃楊烱接踵，中與崔融蘇味道齊名，晚獨爲文章耆宿，爲學者取法，另有文集五十卷，身前身後名，亦有幸有不幸也。

## 駱賓王

駱賓王以代徐敬業作「討武曌檄」而聞名，武則天讀之亦矍然曰：「有如此才，而使之淪落不偶，宰相之過也。」原來駱賓王只作到長安主簿，官卑職小，武后時調臨海丞，棄官而去，依附徐敬業。古時的檄，相當於民國的通電，武則天看到他這篇討伐她的文情並茂，義正辭嚴的通電，也興起愛才之心，可見這位女皇帝是一位有眼光的女人，她的狠毒、敗德，不掩長才。徐敬業敗，一說駱亡命靈隱寺爲僧，一說不知所終，但比被誅或賜死好。中宗時，詔求其文，得數百篇，集成十卷。全唐詩收其詩一百二十五首，編爲三卷，他七歲時作「詠鵝」一首：

鵝鵝鵝，曲項向天歌，白毛浮綠水，紅掌撥清波。

這首詩倒像兒歌，素描很好。

唐初詩人多以五言詩見長，駱賓王也妙於五言，其中還有很多首長詩。他的「詠懷」詩也有二十二句，其中「寶劍思存楚，金鎚許報韓……阮籍空長嘯，劉琨獨未懽。……莫將流水引，空向俗人彈。」可見他的抱負和心情。

他的七言詩很少，「憶蜀地佳人」是一首情詩：

東西吳蜀關山遠，魚來雁去兩難聞。莫怪常有千行淚，只爲陽臺一片雲。

這首詩的平仄雖然不太協調，但瑕不掩瑜，是一首頗爲含蓄的情詩。

從前交通不便，東吳和西蜀相去幾千里，書信來往經年，還會誤付洪喬，難怪他常有千行淚了，要是在今天，一通電話就可以聞其聲如見其人，飛機也可以朝發夕至，少有相思之苦。由於資訊科技的發達，所以現代文學情緒和素質也愈來愈低，人的情感也愈來愈淡。從前月亮是很詩化的，很多文學作品都和月亮有關，自從阿姆斯壯登陸月球之後，月球表面的坑坑洞洞，實在不美，詩人作家一想到這樣的月亮，所有文學情緒和幻想自然一掃而光，同樣的，佛洛依德的學說對文學也是一種破壞。

## 劉希夷

劉希夷和宋之問同時，但兩人品格，遭遇大不相同，劉落魄不拘常格，宋之問則攀附武則天面首張易之、張昌宗兄弟，又獻媚武則天兄子武三思。武三思猜嫉正士，干黷時政，爲節愍太子所誅。張易之、昌宗兄弟顓權亂政，亦爲張柬之等羽林軍所誅，宋之問在張、武得勢時累轉尙方監丞在奉宸內供奉，遷考功員郎。中宗時坐賕餉狼藉，貶汴州長史，睿宗時賜死。宋之問趨炎附勢，貪汚，與張易之、武三思是一流人物，是個無行的文人。有謂劉希夷爲宋之問害死，且據劉詩「代悲白頭翁」（一作白頭吟）爲己有，因此宋之問集中亦有這首詩。以兩人品格權勢而論，宋能作掠奪之事，劉不可能作這種事。全唐詩收編劉希夷詩一卷，共三十五首，其中「代悲白頭翁」是一首二十六句的七言詩：

洛陽城東桃李花，飛來飛去落誰家？洛陽女兒好顏色，坐見落花長嘆息。
今年花落顏色改，明年花開復誰在？已見松柏摧爲薪，更聞桑田變成海。
古人無復洛城東，今人還對落花風。年年歲歲花相似，歲歲年年人不同。
寄言全盛紅顏子，應憐半死白頭翁。此翁白頭誠可憐，伊昔紅顏美少年。
公子王孫芳樹下，清歌妙舞落花前。光祿池塘開錦繡，將軍樓閣畫神仙。
一朝臥病無相識，三春行樂在誰邊？宛轉蛾眉能幾時？須臾鶴髮亂如絲。
但看古來歌舞地，惟有黃昏鳥雀悲。

據註劉希夷善琵琶，嘗爲白頭詠云：「今年花落顏色改，明年花開復誰在！」既而悔曰：「我此詩似讖，與石崇白首同所歸何異？」乃更作云：「年年歲歲花相似，歲歲年年人不同。」既而嘆曰：「復似向讖矣！」詩成未周歲被害。

再看劉希夷的「故園置酒」詩，就更能瞭解他是個怎樣的人了：

酒熟人須飲，春還鬢已秋。願逢千日醉，得緩百年憂。
舊里多青草，新知盡白頭。風前燈易滅，川上月難留。
卒卒周姬旦，栖栖魯孔丘。平生能幾日，不及且遨遊。

從這首詩更可以看出劉希夷是一位很有出世思想的詩人，他的名字「希夷」更具有代表性，其人品更非宋之問可比。宋之問害死他，並將「白頭吟」據爲己有，決非空穴來風。一個無行的文人，是什麼事兒都做得出來的。

## 鄭遂初

全唐詩中錄詩一首的人不少，鄭遂初即其一。詩少故不爲人所知，但這唯一的「別離怨」却比那些連篇累牘的「奉和」「應制」詩有意義多了，值得一讀：

蕩子戍遼東，連年信不通。塵生錦步障，花送玉屛風；
只怨紅顏改，寧辭玉簟空。繫書春雁足，早晚到雲中。

這是一首閨怨詩，表現了少婦的心理。

## 東方虬

東方虬也是不爲人知的唐朝詩人，與陳子昂同時，則天時爲左史，僅存五絕四首，首首可讀。其中「昭君怨」三首，比其他許多唐朝名詩人的「昭君怨」更好：

漢道方全盛，朝廷足武臣，何須薄命妾，辛苦事和親？

捹淚辭丹鳳，銜悲向白龍。單于浪驚喜，無復舊時容。

胡地無花草，春來不似春。自然衣帶緩，非是為腰身。

這三首詩將一個弱女子的心理，恰當地表現了出來，沒有一個字是表面文章。

他的另一首五絕「春雪」也好：

春雪滿空來，觸處似花開。不知園裏樹，若箇是眞梅？

他這首詩將「梅雪爭春」的情形，寫得最好。

## 賀知章

賀知章是為人熟知的詩人，全唐詩收其詩作十九首，兩句。他的詩能見性情，由於生性放曠，晚尤縱誕，自號四明狂客，享年八十六歲，是唐朝的長壽詩人。

他最耐讀的是三首七絕，以「詠柳」為例：

碧玉妝成一樹高，萬條垂下綠絲絛。不知細葉誰裁出？二月春風似剪刀。

這首詩將柳樹寫得太妙了，後面兩句更是妙到毫顚，是才人吐屬。

他的「回鄉偶書」二首都好，第一首在千家詩和唐詩三百首中早已深入人心，傳誦不衰，幾乎人人能脫口而出：

少小離家老大回，鄉音難改鬢毛衰。兒童相見不相識，笑問客從何處來？

幼年背這首詩時，無此閱歷，無此體驗，感受不深。中國歷史上沒有那一位詩人有我們這一代人如此多的不幸遭遇，杜甫比起我們來也算是幸運者。賀知章這首十分平易的詩，是他一生經歷的反射，想不到也涵蓋到我們這一代人。我們這一代人應該能寫出比他這首詩更能直扣人心的作品，且拭目以待。

第二首回鄉詩也好。

離別家鄉歲月多，近來人事半銷磨。唯有門前鏡湖水，春風不改舊時波。

這是一首人生經驗豐富，十分平易的好詩。比那些奉和、應制、細心雕琢、言不由衷的作品好多了，後面兩句將「江山依舊，人事全非」完全表現出來，但「江山依舊，人事全非」是散文的句子，沒有味道，而「唯有門前鏡湖水，春風不改舊時波」，則完全是詩的句子，韻味無窮。一些愛寫所謂「意識流」晦澀新詩的朋友，從賀知章這三首絕句中，應該恍然大悟。

## 王　維

開元、天寶間以詩享盛名的王維，並長於書、畫，蘇東坡說他「詩中有畫，畫中有詩」洵非虛語。全唐詩收入他三百八十多首，編爲四卷，不但量多，佳作亦多。他不像別的詩人，「奉和」、「應制」的詩多，表現自己性情的詩少。他雖然也寫奉和應制詩，但屬於自己的作品更多，因此我們才能讀到他不少好詩，尤其是在輞川寫的詩更好。這和他篤信奉佛，心在方外有關。詩人如果不能脫俗，絕難寫出好詩，古今中外皆然。詩人不是俗人，俗人寫不好詩，縱然能譁衆取寵於一時，絕難突破時間空間垂之永久。

王維的好詩，略舉數首如下：

輞川閒居贈裴秀才迪

寒山轉蒼翠，秋水日潺湲。倚仗柴門外，臨風聽暮蟬；
渡頭餘落日，墟里上孤煙。復値接輿醉，狂歌五柳前。

酬張少尉

晚年唯好靜，萬事不關心。自顧無長策，空知返舊林；
松風吹解帶，山月照彈琴。君問窮通理，漁歌入浦深。

送丘爲落第歸江東

憐君不得意，況復柳條春。爲客黃金盡，還家白髮新；
五湖三畝宅（宅一作地），萬里未歸人。
知爾不能薦，羞稱獻納人。

送梓州李使君

萬壑樹參天，千山響（一作聽，但聽遠不如響）杜鵑。山中一夜雨，樹抄百重泉；
溪女輸橦布，巴人訟芋田。文翁翻敎授，不敢倚先賢。

山居秋暝

空山新雨後，天氣晚來秋。明月松間照，清泉石上流；

竹喧歸浣女，蓮動下漁舟。隨時春芳歇，王孫自可留。

終南別業

中歲頗好道，晚家南山陲。興來每獨往，勝事空自知；
行到水窮處，坐看雲起時。偶然值林叟，談笑無還期。

春日與裴迪過新昌里訪呂逸人不遇

桃源一向絕風塵，柳市南頭訪隱淪。到門不敢啼凡鳥，看竹何須問主人？
城上（一作外，上不如外）青山如屋裏，東家流水入西鄰。
閉戶著書多歲月，種松皆老作龍鱗。

早秋山中作

無才不敢累明時，思向東谿守故籬。豈厭尚平婚嫁早，却嫌陶令去官遲；
草間蛩響臨秋急，山裏蟬聲薄暮悲。寂寞柴門人不到，空林獨與白雲期。

積雨輞川莊作

積雨空林煙火遲，蒸藜炊黍餉東菑。漠漠水田飛白鷺，陰陰夏木囀黃鸝；
山中習靜觀朝槿，松下清齋折露葵。野老與人爭席罷，海鷗何事更相疑？

王維的好詩自然不止這些，但從這些詩中，我們可以看出他的恬淡、空靈、遊於物外之心。蘇東坡說他的詩中有畫，一點不錯。如「萬壑樹參天，千山響杜鵑。」，「漠漠水田飛白鷺，陰陰夏木囀黃鸝。」

就是很好的例子。這也就是我們現在所說的意象美。王維的詩不但富於意象美，意境也高。王維的詩是真正的詩人的詩，不是文人政客的詩。他的詩選入唐詩三百首和千家詩的也多。

## 王　縉

唐朝兄弟詩人見於全唐詩的如王勃、王勔、張易之、張昌宗是。但王勃之兄王勔僅留詩一首，不爲人知。張易之、張昌宗兄弟，是以武則天面首聞名，僅「粗能屬文」，不能稱爲詩人。他們兩兄弟的奉和應制詩，爲宋之問、閻朝隱代作，易之四首、昌宗三首，這類仰承聖恩的詩，都不是什麼好作品，何況是代筆的。

王維、王縉兄弟却大不相同。王維固然是唐朝的大詩人，他弟弟王縉和他同以「文翰著稱」。王縉官拜侍郎，且有謀略，祿山亂，與李光弼固守太原。有詩八首，却無一首奉和應制作品，因此都清新可誦。如：

與盧員外象過崔處士興宗林亭

身名不問十年餘，老大誰能更讀書？林中獨酌鄰家酒，門外時聞長者車。

九日作

莫將邊地比京都，八月嚴霜草已枯。今日登高樽酒裏，不知能有菊花無？

這完全是詩人的吐屬，可見其風範，一點也假不了。

## 裴　迪

與王維、崔興宗同居終南，唱和爲樂的裴迪，是一位淡泊名利的高人。全唐詩收其作品二十九首，其中有二十首是寫輞川的。王維亦有輞川集二十首，爲人熟知的一首是「竹里館」：

獨坐幽篁裏，彈琴復長嘯，深林人不知，明月來相照。

裴迪輞川集二十首中，「竹里館」也好：

來過竹里舘，日與道相親。出入唯山鳥，幽深無世人。

裴迪另一首「華子岡」，却比王維的「華子岡」富有意象美：

落日松風起，還家草露晞。雲光侵履跡，山翠拂人衣。

從他們的輞川集中，我們可以瞭解他們的思想。雖然他們都作過官，但能入能出，不同流俗。

裴迪的另一首「游感化寺曇與上人山院」末後兩句說得更明白：

不遠灞陵邊，安居向十年，入門穿竹徑，留客聽山泉；

鳥囀深林裏，心閒落照前。浮名竟何益？從此願棲禪。

這首詩寫得好，更可以看出他和王維的志同道合。

詩人作家如果能入而不能出，思想境界必低，也休談作品意境。在仕途會俯仰由人，在工商業社會更品斯下矣。

## 崔興宗

崔興宗也是一位高人、雅人，我們可以從他「酬王維盧象見過林亭」詩中見其一斑：

窮巷空林常閉關，悠然獨臥對前山。今朝忽枉嵇生駕，倒屣開門遙解顏。

在全唐詩中他只有詩五首，數量上遠不如王維，也不及裴迪。

## 丘爲

丘爲，與劉長卿、王維友善，累官太子右庶子，退休後，有半祿終身俸，唐朝作官的詩人中似無前例。這和現在的公務員領月退休俸一樣。丘爲事繼母至孝，又是一位長壽的詩人，享年九十六歲。唐時醫藥沒有今天發達，享此長壽，眞是異數。他有詩十三首，「登潤州城」一首最佳：

天末江城晚，登臨客望迷。春潮平島嶼，殘雨隔虹霓；
鳥與孤帆遠，煙和獨樹低。鄉山何處是？目斷廣陵西。

## 崔顥

崔顥也是唐朝一位傑出的詩人，他的官位不高，只作到司勳員郎。詩也不多，只有三十九首，但才氣甚高，好詩不少。他最膾炙人口的詩是「黃鶴樓」，其中「晴川歷歷漢陽樹，芳草萋萋鸚鵡洲」，不但是寫實寫景的佳作，對仗尤其工穩，而「日暮鄉關何處是？煙波江上使人愁」的「鄉愁」情緒，更使人有種悵然之感。他是汴州人，黃鶴樓在武昌，人在客中，自然難免思鄉。其實他的「題潼關樓」也是一首好詩：

客行逢雨霽，歇馬上津樓。山勢雄三輔，關門扼九州；
川從陝路去，河遶華陰流。向晚登臨處，風煙萬里愁。

這首詩對潼關的形勢、交通交代得很清楚。和「黃鶴樓」那首詩都用的是十一尤韻，一為七言，一為五言，五言沒有七言彈性大，節奏稍遜，但他這兩首詩可謂異曲同工。

此外他還有三首寫景狀物詩都好：

晚入汴水

昨晚南行楚，今朝北泝河。客愁能幾日？鄉路漸無多；
晴景搖津樹，春風起棹歌。長淮亦已盡，寧復畏潮波。

行經華陰

岧嶤太華俯咸京，天外三峯削不成。武帝祠前雲欲散，仙人掌上雨初晴；
河山北枕秦關險，驛樹西連漢畤平。借問路旁名利客，無如此處學長生。

遼西行

燕郊芳歲晚，殘雪凍邊城。四月青草合，遼陽春水生；
胡人正牧馬，漢將日徵兵。露重寶刀濕，沙虛金鼓鳴；
寒衣著已盡，春服與誰成？寄語洛陽使，為傳邊塞情。

崔顥長於寫景、狀物、寄情，妙手天成。他的「長干曲」五絕四首，首首都好，前兩首更爲人所熟知：

君家何處住？妾住在橫塘。停船暫借問，或恐是同鄉。
家臨九江水，來去九江側。同是長干人，自小不相識。

這種抒情小詩，他信手拈來，天衣無縫，易起共鳴。崔顥也是一位眞正的詩人，而且十分傑出。詩不在多，能直扣人心，引起共鳴者，一首亦是不朽。

## 祖詠

祖詠，洛陽人，與王維友善，有詩三十六首、兩句。除「聖薊門」七律一首，較爲人知外，多不知有祖詠其人。其實他的詩都清新可誦，是一位純正的詩人。進士未仕，亦無奉和應制詩。從他的「汝墳別業」詩中可以看出他是一位相當孤獨的田園詩人：

失路農爲業，移家到汝墳。獨愁常廢卷，多病久離羣；
鳥雀垂窗柳，虹霓出澗雲；山中無外事，樵唱有時聞。

另外「中峯居喜見苗發」一首，雖亦作李端詩，但與「汝墳別業」對照看，應是他的作品：

自得中峯住，深林亦閉關。經秋無客到，入夜有僧還；

暗澗泉聲小，荒園樹影閒。離窗不可望，星月滿寒山。

他的「過鄭曲」、「江南旅情」、「泊揚子津」等，都是好詩。

## 李　頎

李頎，開元十三年進士，有詩一百二十三首，多爲長詩，絕律不多。大抵長詩敍事的多，抒情的少，可誦性不高。李頎詩亦如此。但其中有一首「謁張果先生」，引我注意，他一開頭就這樣寫：

「先生谷神者，甲子焉能計？自說軒轅師，于今幾千歲，寓遊城郭裏，浪跡希夷際。……」

從這首詩看，他是眞的見到張果先生了。

按張果俗稱張果老，爲八仙之一。自言生於堯時，隱居中條山。開元間遣使迎入京，賜銀青光祿大夫，號曰通玄先生，玄宗並爲建棲霞觀，是則張果老故事不虛，李頎這首詩亦是佐證。

李頎的絕律詩中，「送魏萬之京」七律，應是最好的一首：

朝聞遊子唱離歌，昨夜微霜初渡河。鴻雁不堪愁裏聽，雲山況是客中過？

關城樹色催寒近，御苑砧聲向晚多。莫見長安行樂處，空令歲月易蹉跎。

這首詩中間兩聯對仗甚佳，最後兩句贈言更不失朋友之道，是益友不是損友。

## 王昌齡

王昌齡，京兆人，有詩一百八十首，四卷。長詩甚多，且多去入聲韻，讀來沉悶，覺其名實不符。他以「出塞」、「閨怨」二首最爲著名。

出塞

秦時明月漢時關，萬里長征人未還。但使龍城飛將在，不敎胡馬度陰山。

閨怨

閨中少婦不知愁，春日凝妝上翠樓。忽見陌頭楊柳色，悔敎夫婿覓封侯。

這兩首詩兒時背得滾瓜爛熟，其他詩無過於此者。

他的「出塞」共有兩首，但第二首不如第一首。其他比較好的詩當推「從軍行」一、二、四、七首，第七首是：

玉門山嶂幾千重，山北山南總是烽。人依遠戍須看火，馬踏深山不見蹤。

這首詩寫戰場烽火、人、馬，十分深刻。妙在「人依遠戍須看火，馬踏深山不見蹤。」

此外「芙蓉樓送辛漸二首」的第一首也好：

寒雨連天夜入湖，平明送客楚山孤。洛陽親友如相問，一片冰心在玉壺。

作詩不能以辭害意，亦不宜雕砌，貴在自然，妙手始能天成。寫了一生的詩，也未必能留下幾首絕唱。王昌齡尚且如此，其他可想而知。

## 常　建

唐詩人中有幸有不幸，如常建即懷才不遇，淪爲盱眙尉，士論悲之。而其詩亦少爲人知。全唐詩收其作品五十四首，好詩甚多。如：

送宇文六

花映垂楊漢水清，微風林裏一枝輕。即今江北還如此，愁殺江南離別情。

落第長安

家園好在尚留秦，恥作明時失路人。恐逢故里鶯花笑，且向長安度一春。

三日尋李九莊

雨歇楊林東渡頭，永和三日盪輕舟。故人家在桃花岸，直到門前溪水流。

從這些詩中我們可以看出他極高的才情，詩如流鶯出谷，輕快無比。其他七絕如「塞下」、五律如「題法院」、「題破山寺後禪院」、「聽琴秋夜贈寇尊師」、「江行」、「燕居」等……亦無一不佳，不讓李杜。而常建生前死後均不遇，知音難得，良可慨也。

## 崔　亘

崔亘，僅有五律「春怨」一首，甚佳：

夜盡夢初驚，紗窗早霧明，曉妝脂粉薄，春服綺羅輕；

妾有今朝服，君無舊日情。愁來理弦管，皆是斷腸聲。

唐人寫「春怨」、「閨怨」的詩很多，均爲同情女性之作。這首「春怨」亦復如此。最後兩句「愁來理弦管，皆是斷腸聲。」將女性哀怨悲傷的心理，一語道破。

## 蔣維翰

同時蔣維翰亦有「春女怨」一首，蔣詩是七絕：

白玉堂前一樹梅，今朝忽見數花開。兒家門戶尋常閉，春色因何入得來？

崔詩寫的是少婦的心理，蔣詩寫的是少女的心理，異曲同工。蔣詩妙在「兒家門戶尋常閉，春色因何入得來？」這種心理描寫遠在西洋心理學說之前，佛洛依德者流，應奉中國詩人作家為宗師鼻祖，中國詩人作家沒有什麼戀母仇父情結，却能寫出更好的表現男女心理的作品。

蔣維翰還有一首七絕「怨歌」也寫得很好，這是一首寫少婦心理的，他的詩一共收入五首。

## 劉長卿

劉長卿有詩五〇九首，可以說是創作很多的一位詩人。權德輿謂為「五言長城」，皇甫湜亦謂「詩未有劉長卿一句」，其見重可知。他的詩佳句自然不少，如「送李二十四移家之江州」中間二聯：「逋客多南渡，征鴻自北飛；九江春草綠，千里暮潮歸」；「贈西鄰盧少府」的「苔封三徑絕，溪向數家通；犬吠寒煙裏，鴉鳴夕照中」；「移使鄂州次峴陽館懷舊居」的「萬里通秋雁，千峯共夕陽」；「寄靈一上人」的「一去春山里，千峯不可尋；新年芳草遍，終日白雲深」；「青溪口送人歸岳州」的「帆帶夕陽千里沒，天連秋水一人歸」；「和樊使君登潤州城樓」的「春草連天隨北望，夕陽浮水共東流；江田漠漠全吳地，野樹蒼蒼故蔣州」……都是佳句，但整首扣人心弦，富有震撼力量，或繞梁三日，引起共鳴共識的不多。可以稱為好詩的倒是不少。如：

逢雪宿芙蓉山主人

日暮蒼山遠，天寒白屋貧。柴門聞犬吠，風雪夜歸人。

餞別王十一南遊

望君煙水闊，揮手淚霑巾。飛鳥沒何處？青山空向人；
長江一帆遠，落日五湖春。誰見汀洲上，相思秋白蘋。

會赦後酬主簿所問

江南江北長相憶，淺水深山獨掩扉。重見太平身已老，桃源久住不能歸。

感懷

秋風落葉正堪悲，黃菊殘花欲待誰？水近偏逢寒氣早，山深常見日光遲；
愁中卜命看周易，夢裏招魂讀楚詞。自笑不如湘浦雁，飛來即是北歸時。

以詩的量與質來講，劉長卿自然是唐朝的一位十分重要的詩人，他的才氣也高，只是人生體驗方面似不如杜甫、白居易等深刻，王維、李白等剔透、空靈。

## 李　華．崔　曙

李華，累官監察御史，以受安祿山僞署，受挫，後客隱山陽，勒子弟力農，有詩二十九首。「春行寄興」七絕可誦：

宜陽城下草萋萋，澗水東流復向西。芳樹無人花自落，春山一路鳥空啼。

後兩句即有落寞之感，也有自得之意。

崔曙，有詩十五首。「九日登望仙臺呈劉明府容」七律，意境、聲律均佳：

漢文皇帝有高臺，此日登臨曙色開。三晉雲山皆北向，二陵風雨自東來；

關門令尹誰能識，河上仙翁去不回。且欲近尋彭澤宰，陶然共醉菊花杯。

其他佳句尚有「夜來雙月滿，曙後一星孤」、「雲輕歸海疾，月滿下山遲」等，較之顏眞卿等重臣詩富有性靈。

## 王　翰

王翰，有詩十一首，一首「涼州詞」使他不朽。這首詩是：

葡萄美酒夜光杯，欲飲琵琶馬上催。醉臥沙場君莫笑，古來征戰幾人回！

這首詩表現了英雄壯士的豪放心態，聲律又美，二者兼備，因此不朽。凡是受過唐詩浸潤的人，沒有不會背這首詩的。新詩不重視韻律、節奏，而重意識流、散文化者，是自取其咎。

## 張　巡・張　抃

與張巡同宦睢陽的張抃，爲三十六位死難者之一。張巡罵賊而死，最爲慘烈。他殺愛妾犒軍一事，雖不可法，但盡忠盡職，足爲矜式。而賀蘭進明忌巡聲威，坐視不救，尤爲可恥。張巡留五言詩二首，其「守睢陽作」，可作史詩看：

接戰春來苦，孤城日漸危。合圍侔月暈，分守若魚麗；

屢厭黃塵起，時將白羽揮；裹創猶出陣，飲血更登陴；
忠信應難敵，堅貞諒不移。無人報天子，心計欲何施？

當時他孤軍奮鬬，無奈的心情，躍然紙上。對這首詩我們不能以詩論詩，只能以詩看史，這首詩是歷史的最好見證。張巡是進士出身，文人臨陣而不怕死，更爲難能可貴。

張抃只留「題衡陽泗州寺」七律一首，却是可傳之作。

一水悠悠百粤通，片帆無奈信秋風。幾層峽浪寒春月，盡日江邊雨打篷；
漂泊漸遙青草外，鄉關誰念雪園東？未知今夜依何處，一點漁燈出葦叢。

## 孟浩然

孟浩然是一位沒有功名的詩人，四十歲才遊京師，與張九齡、王維爲忘形友。王維私邀入署，適明皇至，匿於床下。維以實對，唐明皇很高興，叫他出來。他有一首「歲暮歸南山」五言律詩，其中有一聯是：「不才明主棄，多病故人疏。」這是對仗很工穩又能引起共鳴的一聯。明皇讀到「不才明主棄」，便對他說：

「卿不求仕，朕未嘗棄卿，奈何誣我？」

在專制時代「不才明主棄」，是不敬的話，可以構成文字獄，但唐明皇還是讓他回去了。

孟浩然的「春眠不覺曉，處處聞啼鳥。夜來風雨聲，花落知多少？」的「春曉」詩幾乎人人能脫口背出，在全唐詩中他有二百五十五首詩，自然不是都能引起讀者共鳴共識的，但「望洞庭贈張丞相」、「留別王侍御維」、「與諸子登峴山」、「晚泊潯陽望廬山」、「過故人莊」、「自洛之越」、「洛中訪袁拾遺不遇」等，都是人所熟知的。此外還有不少佳句，如「燕子家家入，楊花處處飛」；「林花掃更落，徑草踏還生」「鄉淚客中盡，孤帆天際看」；「風鳴兩岸葉，月照一孤舟」……都是極其工穩的神來之筆。他的「自洛之越」這首詩最能表現他的心理：

皇皇三十載，書劍兩無成。山水尋吳越，風塵厭洛京；
扁舟泛湖上，長揖謝公卿。且樂杯中物，誰論世上名。

「山水尋吳越，風塵厭洛京；扁舟泛湖上，長揖謝公卿。」這兩聯不但對得天衣無縫，更道出了他笑傲江湖，不事王侯的心理。在唐朝詩人栖栖皇皇只為一親帝王恩澤便滿身榮寵的風氣中，孟浩然不失為獨立特行之士。他和在太宗面前寫「上林如許樹，不借一枝栖。」的初唐詩人李義府，同樣表現了詩人的洒脫與自尊。比那些大寫奉和應制詩的重臣們高多了。所以李白有一首「贈孟浩然」七律，對他十分推崇：

吾愛孟夫子，風流天下聞。紅顏棄軒冕，白首臥松雲；
醉月頻中聖，迷花不事君。高山安可仰，徒此挹清芬。

## 李　白

詩仙李白，隴西成紀人，涼武昭王暠九世孫。雖有山東人或蜀人之說，但從他通「蠻文」看來，是西涼人無疑。初隱岷山，天寶初至長安，見賀知章，賀見其文歎為謫仙。荐於唐明皇，明皇在金鑾殿召見，賜食，親為調羹，可見優遇。有詔供奉翰林，李白仍與酒徒飲於長安市。有一天明皇在沉香亭賞花，召李白作樂章，李白已醉，左右以水噴面，他酒才稍醒，提起筆來立刻成清平調三首，由李龜年歌唱，這三首詩也是他的傑作：

雲想衣裳花想容，春風拂檻露華濃。若非羣玉山頭見，會向瑤台月下逢。

一枝濃艷露凝香，雲雨巫山枉斷腸。借問漢宮誰得似？可憐飛燕倚新妝。

名花傾國兩相歡，長得君王帶笑看。解釋春風無限恨，沉香亭北依闌干。

這三首都是即景詩，因爲沉香亭有四株紅、紫、淺紅、全白的芍藥花開，唐明皇和楊貴妃正在共賞，唐明皇是懂音樂也會作詩的，面對名花貴妃，一時興起，不要舊樂詞，所以就召李白重新作。同時他還作了宮中行樂詞八首，首首都好，如：

柳色黃金嫩，梨花白雪香。玉樓巢翡翠，金殿鎖鴛鴦；
選妓隨雕輦，徵歌出洞房。宮中誰第一？飛燕在昭陽。

水綠南薰殿，花紅北闕樓。鶯歌聞太液，鳳吹繞瀛洲；
素女鳴珠珮，天人弄綵毬。今朝風日好，宜入未央遊。

這些詩都是在半醒半醉中作的，如非謫仙，誰能辦到？他得罪了高力士、楊貴妃之後，浪跡江湖，生活經驗豐富，視野胸襟更闊，寫了更多的好詩，而他的詩作是妙手天成，毫無斧鑿痕跡。如秋浦歌十七首之一：

白髮三千丈，緣愁似個長。不知明鏡裏，何處得秋霜？

如「贈汪倫」：

李白乘舟將欲行，忽聞岸上踏歌聲。桃花潭水深千尺，不及汪倫送我情。

如「聞王昌齡左遷龍標遙有此寄」：

楊花落盡子規啼，聞道龍標過五溪。我寄愁心與明月，隨風直到夜郎西。

如「黃鶴樓送孟浩然之廣陵」：

故人西辭黃鶴樓，煙花三月下揚州。孤帆遠影碧空盡，唯見長江天際流。

如「渡荊門送別」：

渡遠荊門外，未從楚國遊。山隨平野盡，江入大荒流；
月下飛天鏡，雲生結海樓。仍連故鄉水，萬里送行舟。

如「送友人」：

青山橫北郭，白水遶東城。此地一為別，孤蓬萬里征；
浮雲遊子意，落日故人情。揮手自茲去，蕭蕭斑馬鳴。

李白共有詩一千一百二十五首，不但量多，好詩亦多，舉不勝舉。杜甫的詩可學，李白的詩不能學。何以如此？因為李白的才氣太高，他的詩如天馬行空，神龍出沒，不能以功力求之。如無李白之才，欲學李白之詩，談何容易？如有李白之才，那就是李白再世，也就不必學了。

李白充滿了出世思想，這可以從他的古詩之一「莊周夢蝴蝶，蝴蝶亦莊周……」中看出來。下面兩首他說得更明白：

山中答問

問余何意栖碧山？笑而不答心自閒。桃花流水窅然去，別有天地非人間。

答湖州迦葉司馬問白何人

青蓮居士謫仙人，酒肆藏名三十春。湖州司馬何須問？金粟如來是後身。

李白和佛家的關係不如道家的關係深，他和莊周的思想十分接近，但不及於老子和易經，他並不瞭解道家思想的科學精神和統合作用，他是道家的出世派，道家的出世派思想和佛家的出世思想有很多地方不謀而合，所以令人佛道難分。賀知章稱他爲謫仙，的是高見。如果他沒有幾分仙氣，就寫不出那麼多空靈洒脫，渾然天成的詩來。

## 韋應物

韋應物，長安人。有詩十卷，五百六十五首，但好詩不多。人比之陶潛，實與陶潛相去甚遠。陶詩如天籟，韋詩欠自然。讀李白詩後，再讀韋詩，便索然無味，才情不如李白遠矣。他的好詩除「滁州西澗」七絕、「寄李儋元錫」較爲人知外，大致還有「淮上喜會梁川故人」五律、「寒食寄京師諸弟」、「答鄭騎曹青橘絕句」、「陪王郎中尋孔徵君」五律、「送宮人入道」七律等。「寄李儋元錫」七律倒很耐讀：

去年花裏逢君別，今日花開又一年。世事茫茫難自料，春愁黯黯獨成眠；

身多疾病思田里，邑有流亡愧俸錢。聞道欲來相問訊，西樓望月幾回圓。

## 張　謂

張謂，河南人。有詩一卷，四十首。詩無俗氣，且多佳句。如「竹裏登樓人不見，花間覓路鳥先知」頗見巧思。「不知近水花先發，疑是經春雪未銷」寫「早梅」亦見匠心。另一首「官舍早梅」亦佳：

階下雙梅樹，春來畫不成。晚時花未落，陰處葉難生；
摘子防人到，攀枝畏鳥驚。風光先占得，桃李莫相輕。

## 岑　參

岑參，南陽人，終老四川，有詩四卷，四百首零兩句，數量不少，好首卻不多。才情還不如韋應物。比較好的是五律「長門怨」、「登總持閣」、「郡齋平望江山」；七律「西掖省即事」、「首春渭春郊行呈藍田張二主簿」；七絕「山房即事二首」的第二首、「磧中作」。較爲人熟知的還是「逢入京使」七絕：

故園東望路漫漫，雙袖龍鍾淚不乾，馬上相逢無紙筆，憑君傳語報平安。

岑參的詩缺少扣人心弦的力量。雖云不遜吳均，但難望李、杜項背，亦難與孟浩然、劉長卿並駕齊驅。

## 杜儼

杜儼，新安丞，只有「客中作」七律一首，卻將客中心情完全表現出來：

書劍催人不暫閒，洛陽羈旅復秦關。容顏歲歲愁邊改，鄉國時時夢裏還。

## 郭向

郭向，也只有「途中口號」五律一首（亦作虞僎詩），但工穩清新可誦：

抱玉三朝楚，懷書十上秦。年年洛陽陌，花鳥弄歸人。

## 郭良

郭良只有詩二首，「早行」五律寫「早」很好：

早行星尚在，數里未天明。不辨雲林色，空聞風水聲；
月從山上落，河入斗間橫。漸至重門外，依稀見洛城。

## 豆盧復

豆盧復，也只有詩二首。「落第歸鄉留別長安主人」七絕，寫落第心情甚佳：

客裏愁多不記春，聞鶯始歎柳條新。年年下第東歸去，羞見長安舊主人。

## 常非月

常非月，西河尉，也只有五律「詠談客娘」一首：

舉首整花鈿，翻身舞錦筵。馬圍行處匝，人壓看場圓；
歌要齊聲和，情教細語傳。不知心大小，容得許多憐。

最後四句寫一位歌舞伎與觀衆的心理，細膩之至。

## 高適

高適，渤海蓚人，官運亨通，封渤海縣侯，死贈禮部尚書。爲開元天寶間詩人之達者，是功名中人，年過五十始學詩。有詩四卷，二百四十四首。五言長短詩佳作甚少，七言佳作最爲人熟知的是「送李少府貶峽中王少府貶長沙」，其中「巫峽猿啼數行淚，雁陽歸雁幾封書，青楓江山秋天遠，白帝城邊古木疏」兩聯膾炙人口。而「夜別韋司士得城字」這首詩也不錯。茲錄其「東平別前衞縣李少府」一首：

黃鳥翩翩楊柳垂，春風送客使人悲。怨別自驚千里外，論交卻憶十年時；
雲開汶水孤帆遠，路繞梁山匹馬遲。此地從來可乘興，留君不住亦淒其。

另外「別董大二首」七絕亦佳。第一首中「莫愁前路無知己，天下誰人不識君。」兩句尤佳。高適不是性情中人，詩少靈性，這兩句倒很有人情味。詩難寫，亦不難寫。功名中人難有好詩，性情中人多有好詩。

# 杜　甫

唐詩至李白、杜甫，已登峯造極。杜甫有詩十九卷，共一千四百五十八首兩句，質與量，均可與李白齊觀。但兩人風格大不相同。李白以天才勝，詩如天馬行空，空靈洒脫，而有仙氣。因爲李白受道家出世派思想影響很深。杜甫以功力勝，他是「語不驚人死不休」，他的詩格律嚴謹，又念念不忘君國，與民生疾苦攸關，是一位寫實的大詩人。他懷李白的詩很多，對李白推崇備至。如「春日憶李白」一開頭就寫：「白也詩無敵，飄然思不羣。」這是持平之論。李白在唐朝詩人之中，確是昂然獨立，能與他並駕齊驅的也只有杜甫。

杜甫，襄陽人。天寶初應進士，不第。後獻三大禮賦，明皇奇之，召試文章，授京兆府兵曹參軍。安祿山陷京師，肅宗即位靈武，甫遯赴行在，拜左拾遺。嚴武鎮成都，奏爲參謀、檢校工部員外郎，待遇甚厚。嚴武卒，甫無所依，之東蜀就高適，既至適卒，流寓三峽。寄家白帝城、夔府一帶。他居蜀五年，詩作最多。他最有名的「秋興八首」，就是在三峽寫的。他的長首也多，如「兵車行」、「新安吏」、「石壕吏」、「新婚別」、「垂老別」……都是寫戰爭和民間疾苦的，使我們能看到唐朝的社會實況，天寶之亂所留下的創傷。這是敍事詩的功用，也是杜甫的貢獻。他個人的窮苦也可以從「茅屋爲秋風所破歌」中得見一斑。他的絕律詩更好，留下了很好的典範。如「九日藍田崔氏莊」七律、「春望」五律，很多人都能背。尤其是「春望」五律，更表現了他憂時憂國之心：

國破山河在，城春草木深。感時花濺淚，恨別鳥驚心；

烽火連三月，家書抵萬金。白頭搔更短，渾欲不勝簪。

他要是生在我們這個時代，他會有更多的憂時憂國之作。可是我們的新詩人除了三十八年播遷來臺以後那十來年間，有不少家國之痛的作品之外，以後就一直排斥那類的作品，聞不到時代的氣息。「曲江二首」七律，都是好詩，第二首中間兩聯「酒債尋常行處有，人生七十古來稀；穿花蛺蝶深深見，點水蜻蜓款款飛。」更是膾炙人口的名句。「曲江對酒」七律同樣好。「月夜憶舍弟」五律，也是名作：

戍鼓斷人行，秋邊（一作邊秋）一雁聲。露從今夜白，月是故鄉明；

有弟皆分散，無家問死生。寄書長不避（一作達，達比避好），況乃未休兵。

其中二三兩聯，工穩之至。「月是故鄉明」，人人都會引用。

「蜀相」七律和「秋興八首」同樣膾炙人口。「出師未捷身先死，長使英雄淚滿襟」如今仍爲人引用。「江村」、「南鄰」、「客至」七律，亦無一不是好詩。「客至」中的「花徑不曾緣客掃，蓬門今始爲君開」，爲人引用尤多，且近戲謔。「贈花卿」七絕後兩句也是引用最多的，整首詩是：

錦城絲管日紛紛，半入江風半入雲。此曲只應天上有，人間那得幾回聞。

從這首詩裡我們也可以看到成都的歌舞昇平。

「登樓」七律也是一時之作，「旅夜書懷」五律，感慨尤深，可作五律式範：

細草微風岸，危檣獨夜舟。星隨平野濶，月湧大江流；

名豈文章著，官因老病休。飄飄何所似？天地一沙鷗！

他的五言「偶題」長詩，開頭四句「文章千古事，得失寸心知。作者皆殊列，名聲豈浪垂。」更值得詩人作家反省。杜甫在世，失意時多，窮愁不論，寫作方面，後生晚輩，謗之者亦復不少。他曾「戲爲六絕句」，第一首是：

庾信文章老更成，凌雲健筆意縱橫。今人嗤點流傳賦，不覺前賢畏後生。

前兩句是他的自負，後兩句是指後生對他的誹謗。第二首他講得更明白了：

楊王盧駱當時體，輕薄爲文哂未休。爾曹身與名俱裂，不廢江河萬古流。

從這首詩中我們更可以看出他對當時文風的不滿和對後生的評價，以及對本身的自信。現在經過了千多年的考驗，證明老杜非浪得虛名，是一位名副其實的大詩人，是一位有眞知灼見的大家，絕無小家子氣。文學作品不是泡泡糖，不是流行歌曲，詩人作家不是「吹」和「唱」的，詩人作家必須有更高的思想境界和眞知灼見，杜甫是一個很好的先例。

他的「秋興八首」是典範工作，知者甚多，不再引擧。「聞官軍收河南河北」七律，雖是人人皆知的作品，在此時此地必須特別提出來：

劍外忽傳收薊北，初聞涕淚滿衣裳。卻看妻子愁何在？漫卷詩書喜欲狂；

白日放歌須縱酒，青春作伴好還鄉。即從巴峽穿巫峽，便下襄陽向洛陽。

杜甫之爲杜甫，這首詩可作定論。

## 賈　至

賈至，洛陽人，有詩一卷，四十三首。間有平仄不調之作，不傷大雅，七言優於五言。七絕「春思二首」、「勤政樓觀樂」、「重別尚給事」、「岳陽樓重宴別王八員外貶長沙」都是好詩，「巴陵別王八員外」很好，一作蕭靜詩，不錄。錄其「別裴九弟」一首：

西江萬里向東流，今夜江邊駐客舟。月色更深春色好，蘆風似勝竹風幽。

他的七律「早朝大明宮呈兩省僚友」較爲人知。

## 張　繼

張繼，襄州人，天寶進士，有詩一卷，四十七首，兩句。最好的一首就是「楓橋夜泊」七絕：

月落烏啼霜滿天，江楓漁火對愁眠。姑蘇城外寒山寺，夜半鐘聲到客船。

這首詩使他不朽。其他的詩以「會稽郡樓雪霽」、「重經巴丘」、「九日巴丘楊公臺上宴集」、「秋日道中」較佳。

齊魯西風草樹秋，川原高下過東州。道邊白鶴來華表，陌上蒼麟臥古丘；
九曲半應非禹跡，三山何處是仙洲？徑行俯仰成今古，卻憶當年賦遠遊。

張繼的詩不多，但清新可誦，比錢起、元結輩高，「楓橋夜泊」與「秋日道中」兩首可見一斑。

## 韓　翃

韓翃，南陽人，天寶進士。有詩三卷，一百六十三首。與錢起、盧綸輩號稱大歷十才子。他最爲人熟知的是「寒食」七絕：

春城無處不飛花，寒食東風御柳斜。日暮漢宮傳蠟燭，輕煙散入五侯家。

其他七絕以「送客知鄂州」、「羽林騎」等都是好詩。五律佳句亦復不少。如「送故人歸魯」的「雨餘衫袖冷，風急馬蹄輕；秋草靈光殿，寒雲曲阜城。」「題蘇許公林亭」的「萬葉秋聲裏，千家落照時；門隨深巷靜，窗過遠鐘遲。」七律「兗州送李明府使蘇州便赴告（作吉）期」、「送田明府歸終南別業」等都是佳作。而「送王少府歸杭州」與「同題仙遊觀」兩首爲其七律代表作：

歸舟一路轉青蘋，更欲隨潮向富春。吳郡陸機稱地主，錢塘蘇小是鄉親；葛花滿把能消酒，梔子同心好贈人。早晚重過魚浦宿，遙憐佳句篋中新。

仙臺下見五城樓，風物淒淒宿雨收。山色遙連秦樹晚，砧聲近報漢宮秋；疏松影落空壇靜，細草香開小洞幽。何用別尋方外去，人間自亦有丹丘。

他的詩在錢起之上。

## 獨孤及

獨孤及，洛陽人，有詩二卷，八十首。好詩甚少。有兩首七絕較佳。一爲「海上懷華中舊遊寄鄭縣劉少府造渭南王少府崟」：

涼風臺上三峯月，不夜城邊萬里沙。離別莫言關塞遠，夢魂長在子眞家。

一爲「將還越留別豫章諸公」：

客鳥倦飛思舊林，徘徊猶戀衆花蔭。他時相憶雙航葦，莫問吳江深不深？

## 郎士元

郎士元，中山人，天寶進士，有詩一卷，七十二首。好詩不少，佳句亦多，五言又多於七言。五言佳作如「長安逢故人」、「送長沙韋明府」、「送林宗配雷州」、「送洪州李別駕之任」、「宿杜判官江樓」，都是五言佳作。佳句如「送張南史」的開頭四句「雨餘深巷靜，獨酌送殘春。車馬雖嫌僻，鶯花不棄貧。」等是。七言佳作如「贈強山人」、「柏林寺南望」、「聽鄰家吹笙」、「郢城秋望」、「夜泊湘江」七絕，「酬王季友題半日村別業兼呈李明府」七律是。茲錄其五律一首，七絕兩首，以見一斑。

長安逢故人

數年音信斷，不意在長安。馬上相逢久，人中欲認難；
一官今懶道，雙鬢竟羞看。莫問生涯事，只應持釣竿。

贈強山人

或掉輕舟或杖藜，尋常適意釣前溪。草堂竹逕在何處？落日孤煙寒渚西。

聽鄰家吹笙

鳳吹聲如隔綵霞，不知牆外是誰家？重門深鎖無尋處，疑有碧桃千樹花。

## 劉方平

劉方平，河南人，不仕，有詩一卷，二十六首。最後兩首七絕甚佳。

春怨

紗窗日落漸黃昏，金屋無人見淚痕。寂寞空洞春欲晚，梨花滿地不開門。

代春怨

朝日殘鶯伴妾啼，開簾只見草萋萋。庭前時有東風入，楊柳千條盡向西。

這兩首詩都是寫少婦的寂寞、怨懟心理，哀而不傷。

## 王之渙

王之渙，幷州人，僅有詩六首，但首首可讀。如「登鸛雀樓」，就是一首膾炙人口的五言絕句，有以爲是朱斌的作品。揆諸其他五首，首首均佳，在唐詩人中不可多得，應爲王之渙的作品。茲錄其五絕二首、七絕一首，以作印證。

登鸛雀樓

白日依山盡，黃河入海流。欲窮千里目，更上一層樓。

送別

楊柳東風樹，青青夾御河。近來攀折苦，應爲別離多。

涼州詞

黃河遠上白雲間，一片孤城萬仞山。羌笛何須怨楊柳，春光不度玉門關。

## 柳中庸

柳中庸，河東人，有詩十三首。「涼州曲」七絕二首，「春思贈人」五律、「聽箏」七律可讀。茲錄其「幽院早春」一首：

草短花初拆，苔青柳半黃。隔簾春雨細，高枕曉鶯長；
無事含閒夢，多情識異香。欲尋蘇小小，何處覓錢塘？

第一聯很好，最後兩句亦佳。

## 秦系

秦系，會稽人，天寶末，避亂剡溪。建中初，隱居南安山中，注老子，彌年不出。自號東海釣客。其後東渡秣陵。年八十餘卒。與劉長卿善。有詩一卷、四十首。他是一位不仕的高士，詩多恬淡，風格近孟浩然、王維。如「山中贈諸暨丹丘明府」、「張建封大夫奏系爲校書郎因此寄作」、「獻薛僕射」、「鮑防員見尋因書情呈贈」等，無論絕律、五言七言，均恬淡洒脫之至。而「縱酒還須上山去，白雲那肯下山來？」兩句更了無烟火氣。「耶溪書懷寄劉長卿員外」七律，亦可見其野鶴閒雲生活：

時人多笑樂幽棲，晚起閒行獨仗藜。雲色卷舒前後嶺，藥苗新舊兩三畦；

偶逢野果將呼子，屢折荊釵亦爲妻。擬共釣竿長往復，嚴陵灘上勝耶溪。

## 顧　況

顧況，字逋翁，海鹽人，至德進士，與李泌善，仕途失意，後隱茅山，以壽終。有詩四卷，二百三十六首，六殘句。

讀其前三卷詩，無一當意，頗爲失望。讀第四卷絕句，完全改觀。尤其是七言絕句六十九首，幾無一不佳，不得不刮目相看。因此多錄幾首。

代佳人贈別

萬里行人欲渡溪，千行珠淚滴爲泥。已成殘夢隨君去，猶有驚烏半夜啼。

憶故園

惆悵多山人復稀，杜鵑啼處淚霑衣。故園此去千餘里，春夢猶能夜夜啼。

題明霞臺

野人本自不求名，欲向山中過一生。莫嫌憔悴無知己，別有煙霞似弟兄。

尋桃花嶺潘三姑臺

桃花嶺上覺天低，人上青山馬隔溪。行到三姑學仙處，還如劉阮二郎迷。

登樓望水

鳥啼花發柳含煙，擲卻風光憶少年。更上高樓望江水，故鄉何處一歸船？

寄祕書包監

一別長安路幾千，遙知舊日主人憐。賈生只是三年謫，獨自無才已四年。

送郭秀才

故人曾任丹徒令，買得青山擬獨耕。不作草堂招遠客，卻將垂柳借啼鶯。

## 竇　鞏

竇鞏，元和進士，元稹觀察淛東，奏為副使，又從鎮武昌，白居易編元白往還集，鞏亦與焉。全唐詩中有詩三十九首。以「襄陽寒食寄宇文籍」一首較佳。

煙水初銷見萬家，東風吹柳萬條斜。大堤欲上誰相伴？馬踏春泥半是花。

這首詩中最好的就是「馬踏春泥半是花」這一句。寒食時百花齊放，春雨如油，落英遍地，「馬踏春泥半是花」是最好寫照。（惟全唐詩卷三百十于鵠亦有「襄陽寒食」一首，完全相同，此詩屬誰？甚難論斷。）另一首在武昌作的「放魚」七律後兩句「好去長江千萬里，不須辛苦上龍門」亦佳。

## 張叔卿

張叔卿，官御史，只有詩兩首。「流桂州」五絕可誦：

莫問蒼梧遠，而今世路難。胡塵不到處，即是小長安。

他這種「平安即是福」的亂世人心理，表現得很好。也可以稱為達人。

## 戴叔倫

戴叔倫，潤州金壇人。有詩二卷，三〇二首。

劉長卿有五言長城之譽，戴叔倫詩名遠不如劉長卿，但五言詩不在長卿之下。其「除夜宿石頭驛」、「江上別張歡」、「過賈誼宅」、「春江獨釣」、「山居即事」、「客中言懷」、「山行」，都是好詩。

七言詩佳句佳作亦復不少，如「煙添柳色看猶淺，鳥踏梅花落已頻。」、「風吹楊柳漸拂地，日映樓臺欲下山。」、「黃雀數聲催柳變，清溪一路踏花歸。」、「不見山中人半載，依然松下屋三間。」、「春風鸞鏡愁中影，明月羊車夢裏聲。」都是佳句。「暮春感懷」和「寄司空曙」三首七律都是好詩。茲錄其五律七律各二首：

除夕宿石頭驛

旅舘誰相問，寒燈獨可親。一年將盡夜，萬里未歸人；
寥落悲前事，支離笑此身。愁顏與衰髮，明日又逢春。

江上別張歡

年年五湖上，厭見五湖春。長醉非關酒，多愁不爲貧；
山川迷道路，伊洛困風塵。今日扁舟別，俱爲滄海人。

暮春感懷

杜宇聲聲喚客愁，故園何處此登樓。落花飛絮成春夢，賸水殘山異昔遊；

歌扇多情明月在，舞衣無意綵雲收。東皇去後韶華盡，老圃寒香別有秋。
四十無聞懶慢身，放情丘壑任天眞。悠悠往事杯中物，赫赫時名扇外塵；
短策看雲松寺晚，疏簾聽雨海棠春。山花水鳥皆知己，百遍相過不厭貧。

## 盧　綸

盧綸，河中蒲人。大曆初，數擧進士不第。有詩五卷，三四〇首，惟差強人意者，僅五言「過樓觀李師尊」及七律「早春歸盩厔舊居卻寄耿拾遺湋李校書端」兩首。餘少可取，佳句亦少。錄其七律如後：
野日初晴麥壠分，竹園相接鹿成羣。幾家廢井生青草，一樹繁花傍古墳；
引水忽驚冰滿澗，向田空見石和雲。可憐荒歲青山下，惟有松枝好寄君。

## 王　表

王表，大曆進士，僅有詩三首，但首首都是好詩，難能可貴。唐詩人多如過江之鯽，家喩戶曉者甚少，王表亦不爲人知。但就詩論詩，全好者絕無僅有，王表其一也。「賦得花發上林」爲五言十二行，「清明日登城春望寄大夫使君」爲七律，「成德樂」是七絕：
趙女乘春上畫樓，一聲歌發滿城秋。無端更唱關山曲，不是征人亦淚流。

## 李　益

李益，字君虞，姑臧人，大曆進士。有詩二卷，一六四首，兩句。第一卷四十四首好詩甚少，第二卷一二〇首佳作較多。律詩佳作有五言「夜上受降城聞笛」、七言「同崔邠登鸛雀樓」、「鹽州過胡兒飲馬泉」三首。絕句佳作有五言「惜春傷同幕故人孟郎中兼呈去年看花友」、「江南詞」、「上洛橋」、「幽州賦詩見意時佐劉幕」、「揚州早雁」、「下樓」、七言「汴河曲」、「從軍北征」、「聽曉角」、「宮怨」、「春夜聞笛」、「揚州送客」、「隋宮燕」、「上汝州郡樓」、「夜上受降城聞笛」等，李益曾入幽州劉濟幕，其征人詩爲人入畫。與李賀齊名，每作一篇，教坊樂人以賄求取。而「夜上受降城聞笛」五律、七絕各一首，異曲同工：

入夜思歸切，笛聲清更哀。愁人不願聽，自到枕前來。
風起塞雲斷，夜深關月開。平明獨惆悵，落盡一庭梅。

四桀峯前沙似雪，受降城下月如霜。不知何處吹蘆笛？一夜征人盡望鄉。

這兩首詩都是寫邊塞征戰之苦與思鄉之情，哀怨悽清。而「江南詞」與「上洛橋」、「汴河曲」又是另一種情調。

江南詞

嫁得瞿塘賈，朝朝誤妾期。早知潮有信，嫁與弄潮兒。

上洛橋

金谷園中柳，春來似舞腰。何堪好風景，獨上洛陽橋。

汴河曲

汴水東流無限春，隋家宮闕已成塵。行人莫上長堤望，風起楊花愁殺人。

李益的絕句比律詩好，而「江南詞」又是流傳最廣的一首五絕。

## 司空曙

司空曙，字文明，廣平人。大曆十才子之一。有詩二卷，一七四首。好詩不多。以七絕「江村即事」最爲洒脫。

釣罷歸來不繫船，江村月落正堪眠。縱然一夜風吹去，只在蘆花淺水邊。

另一首七律「送張鍊師還峨嵋山」最後兩句「春山一入尋無路，鳥響煙深水滿溪。」亦深得深山情趣。

## 崔季卿

崔季卿只有「晴江秋望」七絕一首，這首詩卻將秋天長江的天氣、景物寫得相當出色：

八月長江萬里晴，千帆一道帶風輕。盡日不分天水色，洞庭南是岳陽城。

第一、三兩句與王勃的「滕王閣序」中的名句「秋水共長天一色」異曲同工，但長江的水是黃的，只有洞庭鄱陽兩大湖的水是清的，他們寫的都是長江連接兩湖之處的風景，所以「秋水共長天一色」也算是寫實。文學是活的，不是死的。不宜刻舟求劍。

## 何　兆

何兆只有詩兩首，但「贈兄」七絕自負得可愛：

洛陽紙價因兄貴，蜀地紅牋爲弟貧。南北東西九千里，除兄與弟更無人。

何兆是蜀人，四川人多會吹牛，古今如出一轍。

## 王　建

王建，穎川人，大曆進士。有詩六卷，四九五首。好詩太少。宮詞百首，雖謂傳誦人口，其實不佳，無一首能傳。倒是「新嫁詞」三首之一，以其通俗，因而傳了下來。這首詩如下：

三日入厨下，洗手作羹湯。未諳姑食性，先遣小姑嘗。

另外一首五絕「故宮行」，爲寫實之作，亦較可取：

寥落古行宮，宮花寂寞紅。白頭宮女在，閒坐說玄宗。

其他五言、七言絕律，類多雕砌，意境不高，失之庸俗。

## 劉　商

劉商，彭城人，有詩二卷，一〇四首。類多泛泛之作，祇「行營即事」五絕一首，尚可見些許性情：

百姓厭干戈，三邊尚未和。將軍誇寶劍，功在殺人多。

## 冷朝陽

冷朝陽，金陵人，大曆進士，爲潞州節度使薛嵩從事。薛嵩有青衣，善彈阮咸琴，手紋隱起如紅線，因以名之。一日辭去，冷朝陽以詩送之，題爲「送紅線」：

採菱歌怨木蘭舟，送客魂銷百尺樓。還似洛妃乘霧去，碧天無際水空流。

這首七絕無異情詩。冷朝陽共有詩十一首，也只有這一首可讀。

## 朱　灣

朱灣，西蜀人，自號滄洲子，有詩二十三首。

從他自號「滄洲子」這個道號看來，他是一位有道家思想的詩人。道家能出能入，不爲物役，提得起，放得下，進退自如，超塵脫俗，詩人作家如果沒有這種胸懷，便難脫一個「俗」字，詩一俗便不可讀。李白之所以出類拔萃，如天馬行空、行雲流水，就是因爲他的道家思想濃厚。

朱灣自然難望李白項背，但比之王建、劉商之流卻勝一籌。他的詩不多，可讀性卻較高，好詩比例不少。「尋隱者韋九山人於東溪草堂」七律可視爲代表作：

尋得仙源訪隱淪，漸來深處漸無塵。初行竹裏唯通馬，直到花間始見人；

四面雲山誰作主？數家煙火自爲鄰。路傍樵客何須問，朝市如今不是秦。

## 于　鵠

于鵠，大曆、貞元間詩人，隱居漢陽，有詩一卷，七十一首。

于鵠也是一位道家出世派思想濃厚的人物，不少詩作都有世外思想，也都是比較好的詩，茲錄其五律「山中自述」、七律「送宮人入道歸山」，以見一斑：

三十無名客，空山獨臥秋，病多知藥性，年長信人愁；
螢影竹窗下，松聲茅屋頭。近來心更靜，不夢世間遊。

十歲吹簫入漢宮，看修水殿種芙蓉。自傷白髮辭金屋，許著黃衣向玉峯；
解語老猿開曉戶，學飛雛鶴落高松。定知別後宮中伴，應聽緱山半夜鐘。

## 武元衡

武元衡，河南緱氏人。建中四年進士，官至劍南節度使。有詩兩卷，一七七首。惟佳作甚少，僅「春興」七絕一首較爲出色：

楊柳陰陰細雨晴，殘花落盡見流鶯。春風一夜吹香夢，夢逐春風到洛城。

## 韓　愈

韓愈，字退之，南陽人，貞元八年進士，以諫迎佛骨，貶潮州刺史事最爲著名，官至兵部侍郎，卒贈吏部尚書。自比孟軻，闢佛老異端。有詩十卷，四〇八首。

在唐代文人中，韓愈盛名不在李白、杜甫、白居易、王維等大詩人之下，但以詩而論，他與李杜等大詩人相去不可以道里計。韓愈自比孟軻，以儒家傳人自居，但他思想僵化、閉塞、胸襟狹隘，與孟軻相去亦不可以道里計。他是一位偏狹的愛國主義者，他反對佛家，有「贈譯經僧詩」爲證：

萬里休言道路賒，有誰教汝度流沙？只今中國方多事，不用無端更亂華。

佛學是從印度傳入的，站在他的愛國主義立場，反對佛家未可厚非。但道家思想是中國固有文化，源自易經八卦，黃帝、老子是代表人物，道家重宇宙自然法則、相對相生論，老子對宇宙發展層次詮釋最爲清楚，所以孔子曾一再請教他，而且對顏回說：「丘之於道也，其猶醯雞與！微夫子之發吾覆也，吾不知天地之大全也。」孔子對老子可以說五體投地，他視老子爲神龍。老子的「無爲」，不是消極，不是教人睡懶覺，是教人順乎宇宙自然法則，不要自作聰明，反其道而行，無爲同時也是一種修持原理原則。一些不懂這種宇宙自然法則，沒有科學思想的腐儒，才誤解曲解黃老思想，否定道家文化。今天的科學家就不會犯這種錯誤。德國數學大師萊卜尼茲（Leibniz, Gottfried Wilheim, 1646-1716）早就根據易經八卦發現了二進制記數法，一六九四年製成了一台二進制計算機，漸次演進成爲今日的電腦。我國太空科學家王贛駿博士七十四年回國時在他的太空衣右側縫上了他親自設計的太極圖形臂章。太極圖就是易經八卦的基點，是十分科學的正統的中國道家文化。道家文化是中國文化的根本，韓愈斥老子爲異端，實在無知之至！他不懂易經，所以誤解老子，誤解道家文化，無異數典忘祖。

「中國科技史」作者英人李約瑟博士（Dr. Joseph Needham）曾說：

「我之喜歡道家，最基本的原因是：道家是純中國的……特別是道家許多基本觀念與中國早期科學的發展最有關係。在研究中國科技史的過程中，我發現凡是與中國科學與技術有關的東西，一定會同時發現有道家思想，道家的迹印在。」

李約瑟認爲中國科技之所以不能從「中古科學」跨進「現代科學」是緣於中國的社會政治結構，也就是「封建官僚主義」（Feudal bureaucratism）。這是一針見血的看法。

我國自漢武帝「罷黜黃老申韓……」以後，道家的地位一落千丈，歷來腐儒視科技爲奇技淫巧，視黃老爲異端，將中國文化中的科學思想、科學精神一掃而光，韓愈是唐朝的官僚主義代表人物，是沒有科學思想、精神的腐儒。他祭鱷魚就充分顯示他的無知，對中國固有文化沒有全盤瞭解，執其一端，以爲法寶。而他的詩不僅無法望具有道家出世派思想的李白項背，亦無法與深具儒家思想念念不忘君國和民間疾苦的杜甫相提並論。他不是性情中人，所以他的詩缺少性靈，大多味同嚼蠟。他的七言絕句比較好的是「聞梨花發贈劉師命」、「榴花」、「晚春」三首，而最能代表他的是貶潮州刺史時寫的一首七律「左遷至藍關示侄孫湘」：

一封朝奏九重天，夕貶潮州路八千。欲爲聖朝除弊事，肯將衰朽惜殘年；

雲橫秦嶺家何在？雪擁藍關馬不前。知汝遠來應有意，好收吾骨瘴江邊。

這是一首紀事感懷之作，「欲爲聖朝除弊事」，就是指諫迎佛骨的事。他雖被列爲唐宋八大家之一，但亦不能與瞭解佛道的性情中人蘇東坡相比。由於他對中國固有的道家文化的科學思想、科學精神的無知和偏見，他倒是唐朝一位阻礙中國科學發展和學術自由的重要人物。人不可取，詩不足法。

## 王　涯

王涯，字廣津，太原人。貞元中進士，又學宏辭。累官吏部尚書。有詩一卷，六十二首。

王涯詩雖不多，但多清新可誦，尤以讀韓愈詩後再讀王涯詩更覺耳目一新。他很少應酬之作，且多爲絕句。佳作甚多，略引於后：

春遊曲

萬樹江邊杏，新開一夜風。滿園深淺色，照在綠波中。

隴上行

負羽到邊州，嗚笳度隴頭。雲黃知塞近，草白見邊秋。

後兩句寫邊塞風情最爲貼切，是寫景佳句。

閨人贈遠

遠戍功名薄，幽閨年貌傷。妝成對春樹，不語淚千行。

後兩句寫幽閨少婦心理，絲絲入扣。

漢苑行

二月春風遍柳條，九天仙樂奏雲韶。蓬萊殿後花如錦，紫閣階前雪未消。

秋思贈遠

當年只自守空帷，夢裏關山覺別離。不見鄉書傳雁足，唯看新月吐蛾眉。

春閨思

愁見遊空百尺絲，春風挽斷更傷離。閑花落盡青苔地，盡日無人誰得知？

## 陳　羽

陳羽，江東人，貞元進士，詩一卷，六十二首。只有古意一首長詩，其餘均爲絕律。唐詩中長詩佳作甚少，除李白、杜甫、白居易等少數大詩人外，長詩傳者更少，因長詩多爲敍事，抒情者少，如「琵琶行」敍事抒情雙妙者更不可多得，非才情功力兩相當的大詩人難有突出的表現。

陳羽的詩數量與王涯相同，才情功力亦相當，好詩不少，兩人名氣均遠不及韓愈，詩卻遠在其上。

陳羽的詩是詩人的詩，不是官僚的詩，詩中能見眞性情。略舉數首如下：

送靈一上人

十年勞遠別，一笑喜相逢。又上青山去，青山千萬重。

贈人

或櫂孤舟或杖藜，尋常適意釣長溪。草堂竹徑在何處？落日孤煙塞渚西。

戲題山居二首

雲蓋秋松幽洞近，水穿危石亂山深。門前自有千竿竹，免向人家看竹林。

雖有柴門長不關，片雲高木共身閒。猶嫌住久人知處，見欲移居更上山。

旅次汚陽聞克復而用師者窮兵黷武因書簡之

江上煙消漢水清，王師大破綠林兵。干戈用盡人成血，韓信空傳壯士名。

從前面四首詩中可以看出他的洒脫、高雅，從後面這首詩中可以看出他的正義感與同情心。

此外「梓州與溫商夜別」、「長安臥病秋夜言懷」、「喜雪上竇相公」三首七律以及五言十二行「小苑春望宮池柳色」、「中秋夜臨鏡湖望月」兩首均屬佳作。茲以「喜雪上竇相公」爲例：

千門萬戶雪花浮，點點無聲落瓦溝。全似玉塵銷更積，半成冰水結還流；

光添曙色連天遠，輕逐春風遶玉樓。平地已沾盈尺潤，年豐須荷富人侯。

這是一首寫雪景的好詩，下雪情形的逼眞，亞熱帶的臺灣讀者，恐難體會。

## 柳宗元

柳宗元，字子厚，河東人，登進士第，曾任禮部員外郎，後貶永州司馬，移柳州刺史，世號柳柳州。享年四十七歲。有詩四卷，第一卷表章三十五篇嚴格說不能算是詩。第二卷以後一四四首，其中絕律詩有不少佳作。如「過衡山見新花開卻寄弟」、「詔追赴都二月至灞亭上」、「同列二十八哭呂衡州兼寄江陵李元二侍御」、「衡陽與夢得分路贈別」、「重別夢得」、「再上湘江」、「長沙驛前南樓感舊」、「登柳州城樓寄漳汀封連四州」、「登柳州峨山」、「柳州二月榕葉落盡偶題」、「別舍弟宗一」、「入黃溪聞猿」、「江雪」等是。尤以五絕「江雪」更爲柳之代表作。茲錄其絕律各二首，以見一斑：

登柳州城樓寄漳汀封連四州

城上高樓接大荒，海天愁思正茫茫。驚風亂颭芙蓉水，密雨斜侵薜荔牆；
嶺樹重遮千里目，江流曲似九迴腸。共來百越文身地，猶自音書滯一鄉。

別舍弟宗一

雪落殘紅倍黯然，雙垂別淚越江邊。一身去國六千里，萬死投荒十二年；
桂嶺瘴來雲似墨，洞庭春盡水如天。欲知此後相思夢，長在荊門郢樹煙。

重別夢得

二十年來萬事同，今朝岐路忽西東。皇恩若許歸田去，晚歲當爲鄰舍翁。

江雪

千山鳥飛絕，萬徑人踪滅。孤舟簑笠翁，獨釣寒江雪。

「江雪」一詩，只有二十字，沒有一個字沒有產生最大的效果，動詞、形容詞、名詞的靈活運用，妙到毫巔，山、鳥、人、舟、釣翁、江、雪，意象突出，意境絕妙，這首詩的語言、文字之精鍊，是西洋詩辦不到的，中國新詩也辦不到的。從這首詩可以充分證明中國語言文字之妙，用中國語言文字創作文學作品，是最好的表現工具，尤其是寫詩，更非運用中國語言文字的優點、特性不可。在文學創作、語言文字運用方面，我們沒有理由盲目崇洋。我們祖宗給我們的遺產實在太豐富優厚了，如果我們不會運用它，而要取法乎下，那是自甘墮落。

柳宗元的「江雪」，不但是他個人的代表作，也可以說是全唐五言絕句的代表作。

## 劉禹錫

劉禹錫，字夢得，彭城人，貞元九年進士，登博學宏詞科，數度貶官，尤以玄都觀看花詩和重遊玄都觀詩兩次遭貶，不啻文字獄。有詩十二卷，七九八首，是李杜而外的多產詩人，其中與白居易唱和甚多。劉禹錫與白居易同年，相交莫逆，白曾敍其詩曰：彭城劉夢得，詩豪者也。其鋒森然，少敢當者。會昌時加檢校禮部尙書。卒年七十二，贈戶部尙書。

劉禹錫長於七絕，七律佳者如「白舍人自杭州寄新詩有柳色春藏蘇小家之句因而戲酬兼寄浙東元相公」、「白舍人見酬拙詩因以寄謝」、「答樂天戲贈」等多首，茲擧兩首如后：

春日書懷寄東洛白二十二楊八二庶子

曾向空門學坐禪，如今萬事盡忘筌。眼前名利同春夢，醉裏風情敵少年；

野草芳菲紅錦地，遊絲撩亂碧羅天。心知洛下閒才子，不作詩魔即酒顚。

西塞山懷古

西晉（一作王濬）樓船下益州，金陵王氣黯然收。千尋鐵鎖沉江底，一片降旛出石頭；

人世幾回傷往事，山形依舊枕江流；今逢四海爲家日，故壘蕭蕭蘆荻秋。

劉禹錫的七律，以這首「西塞山懷古」最爲著名。七絕好詩甚多，如「竹枝詞二首」之第一首，「堤上行三首」之第一首，「楊枝詞九首」之第八首，「金陵五題」之前三首，「韓信廟」、「美溫尚書鎮定興元以詩寄賀」、「賞牡丹」、「杏花園下酬樂天見贈」、「和樂天春詞」、「憶樂天」、「醉答樂天」、「答張侍御賈熹再登科後自洛赴上都贈別」、「赴連州途經洛陽諸公置酒相送張員外賈以詩見贈率爾酬之」、「登清暉樓」、「楊柳枝」、「樓上」等是，其玄都觀二首，是二大公案，引錄如下：

元和十一年自朗州召至京戲贈看花諸君子

紫陌紅塵拂面來，無人不道看花回。玄都觀裏桃千樹，盡是劉郎去後栽。

再遊玄都觀

百畝庭中半是苔，桃花爭盡菜花開。種桃道士歸何處？前度劉郎今又來。

第一首和第二首相隔十四年，兩詩均使他貶官，今天看來實在毫無道理，當時大概都是後面兩句「劉郎」得罪有司。因他貶連州時玄都觀無桃花，十年後召至京，有謂道士手植仙桃，滿觀如紅霞，遂寫前詩紀事。而他重遊玄都觀時，桃樹蕩然無存，因又題詩，以俟後遊。專制時代，欲加之罪，何患無詞？

他另外三首七絕也膾炙人口：

石頭城

山圍故國周遭在，潮打空城寂寞回。淮水東邊舊時月，夜深還過女牆來。

烏衣巷

朱雀橋邊野草花，烏衣巷口夕陽斜。舊時王謝堂前燕，飛入尋常百姓家。

臺城

臺城六代競豪華，結綺臨春事最奢。萬戶千門成野草，只緣一曲後庭花。

其中「烏衣巷」一首尤爲後人熟知。而「韓信廟」一首則多感慨：

將略兵機命世雄，蒼黃鍾室歎良弓。遂令後代登壇者，每一尋思怕立功。

## 張仲素

張仲素，字繪之，河間人，憲宗時爲翰林學士，終中書舍人。有詩一卷、三十九首。詩雖不多，但水準甚高，比之同代大詩人，並不遜色，好詩率且有過之。惟律詩少，絕句多，亦無長詩與應酬之作，因此益顯純淨。其「宮中樂五首」、「春遊曲三首」、「春江曲二首」、「塞下曲五首」、「秋思二首」，均爲佳作。「燕子樓詩三首」亦佳，亦作關盼盼詩。

春遊曲之一

煙柳飛輕絮，風榆落小錢。濛濛百花裏，羅綺競鞦韆。

春閨思

裊裊城邊柳，青青陌上桑。提籠忘采葉，昨夜夢漁陽。

春江曲二首

家寄征河岸，征人幾歲遊。不如潮水信，每日到沙頭。

乘曉南湖去，參差疊浪橫。前洲在何處？霜裏雁嚶嚶。

塞下曲之二

獵馬千行雁幾雙，燕然山下碧油幢。傳聲漠北單于破，火照旌旗夜受降。

秋思之二

秋天一夜靜無雲，斷續鴻聲到曉聞。欲寄征衣問消息，居延城外又移軍。

張仲素詩名遠不如韓退之輩，但觀其詩，足與並世大詩人分庭抗禮。

## 崔護

崔護，字殷功，博陵人，貞元十二年登第，終嶺南節度使，僅有詩六首。而「題都城南莊」七絕一首，卻流傳千古，使他不朽：

去年今日此門中，人面桃花相映紅。人面不知何處去？桃花依舊笑春風。

據太平廣記云：初護舉進士不第，清明獨遊都城南，得村居，花木叢萃，叩門入，有女子自門隙問之，對曰：尋春獨行，酒渴求飲，女子啓關，以盂水至，獨倚小桃柯佇立，而意屬殊厚，崔辭去，女送至門，如不勝情而入，後絕不復至。及來歲清明，徑往尋之，戶扃無人，因題詩於左扉，後數日，復往尋之，有老父出曰：吾女笄年，知書，未適人，自去年以來，常恍惚若有所失。比日與之出，及歸，見左扉有字，讀之，入門而病，遂絕食，數日死，得非君耶？殺吾女，持崔大哭。崔感慟，請入臨，見其女儼然在床，舉其首，枕其股，哭而祝曰：某在斯。須臾，開目復活。老父大喜，遂以女歸之。

這是一個十分浪漫傳奇的故事，足可以寫一篇情意纏綿的小說。唐人傳奇小說頗多佳構，如此說屬實，崔護應另有小說傳世也。

## 李　翱

李翺，字習之，貞元進士，歷任員外郎、刺史、諫議大夫、中書舍人、終山南東道節度使。有詩七首。五律「廣慶寺」、七律「贈毛仙翁」均佳，錄其「贈藥山高僧惟儼二首」：

鍊得身形似鶴形，千株松下兩函經。我來問道無餘說，雲在青霄水在瓶。

選得幽居愜野情，終年無送亦無迎。有時直上孤峯頂，月下披雲嘯一聲。

這兩首寫方外人的詩，意境甚高，十分瀟洒。

## 盧　儲

盧儲，貞元間人，擢進士第一，僅有詩二首，均佳：

催妝

昔年將去玉京遊，第一仙人許狀頭。今日幸爲晉秦會，早敎鸞鳳下妝樓。

這首詩原有一段掌故，當李翺典江淮時，儲以進士投卷，翺置几案間，其女見之，謂小青衣曰：此人必爲狀頭。翺閱，選以爲婿。明年，果第一人及第。

其第二首「官舍迎內子有庭花開」，亦饒雅趣：

芍藥斬新栽，當庭數朵開。東風與拘束，留待細君來。

## 皇甫松

皇甫松，湜之子，有詩十三首，大半爲好詩，不可多得。且錄四首如后：

楊柳枝詞二首

爛漫春歸水國時，吳王宮殿柳絲垂。黃鶯長叫空閨畔，西子無因更得知。

春入行宮映翠微，玄宗侍女舞煙絲。如今柳向空城綠，玉笛何人更把吹。

浪淘沙二首

灘頭細草接疏林，浪惡罾船半欲沉。宿鷺眠洲非舊浦，去年沙觜是江心。

蠻歌豆蔻北人愁，松雨蒲風野艇秋。浪起鵁鶄眠不得，寒沙細細入江流。

## 呂 温

呂溫，字和叔，一字化光，貞元末進士。有詩二卷，一〇九首。詩多絕律，長詩甚少。

呂溫詩名不彰，但絕律詩均可讀。如「和舍弟惜花絕句」、「吐蕃別館中和日寄朝中僚舊」、「答段秀才」、「吐蕃別館月夜」、「鞏路感懷」等均爲佳作，另引三首如后：

衡州早春之二

病肺不飲酒，傷心不看花。惟驚望鄉處，猶自隔長沙。

鏡中歎白髮

年過潘岳才三歲，還見星星兩鬢中。縱使他時能早達，定知不作黑頭公。

貞元十四年旱甚見權門移芍藥花

綠原青壠漸成塵，汲井開園日日新。四月帶花移芍藥，不知憂國是何人？

後面這首詩不但具有時代意義，亦可見作者的義憤。

## 孟郊

孟郊，字東野，湖州武康人，性介，少諧和，獨與韓愈爲忘形交，年五十始得進士第。任溧陽尉時，縣有投金瀨、平陵城、林薄蒙翳、下有積水、郊間外坐水旁、裴回賦詩、曹務多廢、令白府以假尉代之，分其半奉。有詩十卷，四九九首。

孟郊的詩數量不可謂不多，但四九九首中，只有「遊子吟」一首，勉可稱爲好詩，而這首詩也不過是「說明」而已。

孟郊的失敗是他把詩當作「說理」的工具，而又用散文的語法來寫，生怕讀者看不懂他的說理。殊不知詩的最大魅力是抒情，是表現性靈。孟郊的詩全無性靈，都是死詩，不但味同嚼蠟，讀他的詩簡直是精神虐待。孟郊尋求「理致」是自尋死路。（二十年前某新詩人亦提倡理性知性詩，同樣失敗。）他完全不懂運用詩的語言。

他的「登科後」這首七絕算是有點感情：

昔日齷齪不足誇，今朝放蕩思無涯。春風得意馬蹄急，一日看盡長安花。

他五十歲才考取進士，這種年齡在唐時士子來說是行將就木之年，柳宗元才活四十七歲，而孟郊一中進士便覺得「昔日齷齪」，而得意忘形，其功名利祿思想之深，胸襟之窄、之俗，可想而知，難怪他與人「少諧和」，獨與韓愈爲忘形交，物以類聚也。李白與杜甫、王維與孟浩然、白居易與元微之、劉禹錫，均爲知交，他們都是性情中人，所以詩好。孟郊、韓愈相去何止千里？孟郊更等而下之。孟郊不但詩無靈性，遣詞用字亦俗，如「送從舅端適楚地」：

歸情似泛空，飄蕩楚波中。羽扇掃輕汗，布帆篩細風……

其中「掃」字、「篩」字，不但不當，而且其俗無比！詩如其人，孟郊之俗，可以想見。他遲到五十歲才登進士，絕不冤枉。唐朝以詩取士，明眼人一看便知他是何等材料。五十歲能登進士第應是他「祖上有德」。他的「悼幼子」和「悼亡」兩首詩都沒有一點情感：

悼幼子

一閉黃蒿門，不聞白日事。生氣散成風，枯骸化爲地；
負我十年恩，欠爾千行淚。灑之北原上，不待秋風至。

悼亡

山頭明月夜增輝，增輝不照重泉下。泉下雙龍無再期，金蠶玉燕空銷化。

朝雲暮雨成古墟，蕭蕭野竹風吹亞。

人生最傷心的事無過於死老婆孩子，孟郊的這兩首詩那有一點情感？怎能引起讀者共鳴？死了十歲的幼子還在說「生氣散成風，枯骸化爲地。」其行其詩，不是「腐儒」是什麼？我們老祖宗創造的生氣勃勃，涵蓋科學人文的固有文化，就毀在這班腐儒的功名利祿之外不知其他的化石腦袋中！今天我們這一代人還承受了這種惡果。

## 張　籍

張籍，字文昌，蘇州人，或曰烏江人，貞元十五年進士，歷任秘書郎、水部員外郎、終國子司業，有詩五卷，四五〇首。

讀張籍詩和讀孟郊詩感受完全不同。孟郊詩沉悶、枯燥無味，張籍詩活潑、輕鬆愉快而有人情味，首首可讀，好詩甚多。「節婦吟寄東平李司空師道」這首樂府，對婦女心理描寫十分深刻而又合情合理：

君知妾有夫，贈妾雙明珠。感君綿纏意，繫在紅羅襦。

妾家高樓連苑起，良人執戟明光裏。知君用心如日月，事夫誓擬同生死。

還君明珠雙淚垂，何不相逢未嫁時？

這是發乎情止乎禮的兒女之私，張籍處理得很好。旣不假道學，又不及於亂，人性、法理兼顧，韓愈、孟郊之流，便會板起面孔說教，視爲「非禮」，沒有人味。

他的「書懷」七律，最能看出他的性行：

自小信成疏懶性，人間事事總無功。別從仙客求方法，時到僧家問苦空；
老大登朝如夢裏，貧窮作活似村中。未能即便休官去，慚愧南山採藥翁。

另兩首寫人和寫景的詩亦值得特別提出：

老將

鬢衰頭似雪，行步急如風。不怕騎生馬，猶能挽硬弓；
兵書封錦字，手詔滿香筒。今日身憔悴，猶誇定遠功。

人物寫得十分生動，老將不服老的心理也躍然紙上。

岳州晚景

晚景寒鴉集，秋聲旅雁歸。水光浮日去，霞彩映江飛；
洲白蘆花吐，園紅柿葉稀。長沙卑溼地，九月未成衣。

而「贈王侍御」一七律，不但寫出友情、人情，也寫出他自己的心境：

心同野鶴與塵遠，詩似冰壺見底清。府縣同趨昨日事，升沈不改故人情；
上陽春晚蕭蕭雨，洛水寒來夜夜聲。自歎獨爲折腰吏，可憐驄馬路旁行。

張籍是一位很有人性的可愛詩人，官僚假道學詩人不可同日而語。

## 劉叉

劉叉，元和時人，任俠，因酒殺人，亡命。後歸韓愈，又持金去，不知所終，有詩一卷，二十七首，詩豪放，有俠氣。「自問」、「偶書」兩詩可爲代表。

自問

自問彭城子，何人授汝顚？酒腸寛似海，詩膽大如天；斷劍徒勞匣，枯琴無復弦。相逢不多合，賴是向林泉。

偶書

日出扶桑一丈高，人間萬事細如毛。野夫怒見不平處，磨損胸中萬古刀。

## 元　稹

元稹，字微之，河南河內人，元和初，應制策第一，除左拾遺，歷監察御史、中書舍人、工部侍郎平章事、檢校戶部尙書、武昌軍節度使，曾貶江陵士曹參軍、通州司馬，卒年五十三，贈尙書右僕射，與白居易最爲友好，唱和最多，時言詩者稱元白，號元和體。著有長慶集、全唐詩編其詩爲二十八卷，共七五四首。

元微之才氣縱橫，幾可望李白，全唐詩人中，亦惟元微之白樂天與李青蓮，杜子美前後輝映。元稹長短詩均所擅長，長詩有多達百韻者，唯好詩仍多爲絕律。

微之迭遭喪子喪女喪妻之痛，有「哭小女降眞」、「哭女樊四十韻」及七絕一首，「哭子十首」、「感逝」及「妻滿月日相唁」各一首。在哭子詩中有「深嗟爾更無兄弟，自嘆予應絕子孫」及「自玆無復子孫憂」句，其悲傷可見。而其「遺悲懷三首」七律，可爲此類作品代表：

謝公最小偏憐女，嫁與黔婁百事乖。顧我無衣搜藎篋，泥他沽酒拔金釵；
野蔬充膳甘長藿，落葉添薪仰古槐。今日俸錢過十萬，與君營奠復營齋。
昔日戲言身後意，今朝皆到眼前來。衣裳已施行看盡，針線猶存未忍開；
尚想舊情憐婢僕，也曾因夢送錢財。誠知此恨人人有，貧賤夫妻百事哀。
閒坐悲君亦自悲，百年都是幾多時？鄧攸無子尋知命，潘岳悼亡猶費詞；
同穴窅冥何所望？他生緣會更難期。唯將終夜長開眼，報答平生未展眉。

他與白居易唱和最多，其中好詩亦復不少，略引幾首，以見彼此交情之篤：

聞樂天授江州司馬

殘燈無焰影幢幢，此夕聞君謫九江。垂死病中驚坐起，暗風吹雨入寒窗。

得樂天書

遠信入門先有淚，妻驚女哭問何如？尋常不省曾如此，應是江州司馬書。

寄樂天

閒夜思君坐到明，追尋往事倍傷情。同登科後心相合，初得官時髭未生；
二十年來諳世路，三千里外老江城。猶應更有前途在，知向人間何處行。

白居易貶江州司馬，使他完成了不朽之作「琵琶行」。也引出了元微之幾首好詩。不是性情中人，不足以語詩，於元白交情作品中亦可概見。

微之爲監察御史時，與成都名妓薛濤亦有過從，唱和。登翰林後「寄贈薛濤」七律亦佳。

錦江滑膩蛾眉秀，幼出文君與薛濤。言語巧偷鸚鵡舌，文章分得鳳凰毛；
紛紛辭客多停筆，箇箇公卿欲夢刀。別後相思隔煙水，菖蒲花發五雲高。

詩以人傳，人以詩傳，元微之這首「寄贈薛濤」詩，實爲千古佳話。官僚假道學是絕對寫不出來的。

## 白居易

白居易，字樂天，下邽人，貞元進士。歷任翰林學士，左拾遺，贊善大夫，江州司馬，忠州、蘇州、杭州刺史，刑部侍郎，河南尹，太子少傅，刑部尚書，卒贈尚書右僕射，謚曰文，自號醉吟先生，亦稱香山居士。平生與元微之、劉夢得最爲友善，唱和亦多，有詩三十九卷，二千八百三十七首。

全唐詩人中，作品既多且好的，一是李白，他有詩一千一百二十五首；二是杜甫，他有詩一千四百五十八首；李、杜二人合共有詩二千五百八十三首，但比白居易還少二百五十四首。全唐詩共四萬八千九百多首，白居易個人作品就佔了將近十七分之一，全唐詩人共二千二百多人，可見白居易地位之重要。

提起唐詩，一般人開口就是李、杜，而白居易的作品不但比他們兩人加起來的還多，作品的水準也不在李、杜之下。白居易長於各種詩體，長詩中的「長恨歌」、「琵琶行」，千年傳誦不衰。「新豐折臂翁」也是一首史詩，他對唐朝的社會背景和老百姓不願黷武的心理，描寫十分深刻。他生活經驗豐富，自校書郎以至司馬、刺史、尚書，對於地方和中央的情形都十分瞭解，加上高壽（生於大曆七年壬子，卒於會昌六年丙寅，西元七七二—八四六，享年七十五歲。），所以作品之多，爲其他詩人所不及。他又遊於儒、釋、道三者之間，是性情中人，眞情自然流露，而不矯揉造作，更能深入淺出，達到雅俗共賞的地步。所以宣宗弔他的詩說他「綴玉聯珠六十年」（十五歲至七十五歲），「童子解吟長恨曲，胡兒能唱琵琶篇」，「文章已滿行人耳」，這都是實際情形，並非溢美之辭。

白居易不但長於敍事詩，短詩、絕律均佳。他的「花非花」是很短的詩，不拘格律，這首詩至今仍傳誦不衰：

花非花，霧非霧。夜半來，天明去。
來如春夢幾多時，去似朝雲無覓處。

這首詩是富有朦朧美與隱示性的象徵詩，和李義山的「錦瑟」七律是同樣的手法，早於法國波特萊爾（Charles Baudelare, 1821-1867）和魏侖（Paul Verlaine, 1844-1896）上千年，但不像法國象徵詩和我們現代象徵詩那麼晦澀，因爲白居易和李義山運用文字語言的技巧很高，能充分表現中國文字語言的特殊功能。

他的絕句好的也很多，隨便舉出幾首：

臨江送夏瞻（瞻年七十餘）

悲君老別我霑巾，七十無家萬里身。愁見舟行風又起，白頭浪裏白頭人。

曲江憶元九

春來無伴閒遊少，行樂三分減二分。何況今朝杏園裏，閒人逢盡不逢君。

重到毓村宅有感

欲入中門淚滿巾，庭花無主兩迴春。軒窗簾幕皆依舊，只是堂前欠一人。

亂後過流溝寺

九月徐州新戰後，悲風殺氣滿山河。唯有流溝山下寺，門前依舊白雲多。

江南送北客因憑寄徐州兄弟書（時年十五歲）

故園望斷欲何如？楚水吳山萬里餘。今日因君訪兄弟，數行鄉淚一封書。

寄湘靈

淚眼凌寒凍不流，每經高處即迴頭。遙知別後西樓上，應憑欄杆獨自愁。

冬至夜懷湘靈

豔質無由見，寒衾不可親。何堪最長夜，俱作獨眠人。

別韋蘇州

百年愁裏過，萬感醉中來。惆悵城西別，愁眉兩不開。

以上這幾首絕句，都是典範之作。

律詩也隨便舉出幾首：

自河南經亂關內阻饑兄弟離散各在一處因望月有感聊書所懷寄上浮梁大兄於潛七兄烏江十五兄兼示符離及下邽弟妹

時難年荒世業空，弟兄羈旅各西東。田園寥落干戈後，骨肉流離道路中；

弔影分爲千里雁，辭根散作九秋蓬。共看明月應垂淚，一夜鄉心五處同。

八月十五夜禁中獨直對月憶元九

銀臺金闕夕沉沉，獨宿相思在翰林。三五夜中新月色，二千里外故人心；
渚宮東面煙波冷，浴殿西頭鐘漏深。猶恐清光不同見，江陵卑溼足秋陰。

欲與元八卜鄰先有是贈

平生心迹最相親，欲隱牆東不爲身。明月好同三徑夜，綠楊分作兩家春；
每因暫出猶思伴，豈得安居不擇鄰？何獨終身數相見，子孫長作隔牆人。

題元八谿居

溪嵐漠漠樹重重，水檻山窗次第逢。晚葉尚開紅躑躅，秋芳初結白芙蓉；
聲來枕上千年鶴，影落杯中五老峯。更愧殷勤留客意，魚鮮飯細酒香濃。

寄李相公崔侍郎錢舍人

曾陪鶴馭兩三仙，親侍龍輿四五年。天上歡華春有限，世間漂泊海無邊；
榮枯事過都成夢，憂喜心忘便是禪。官滿更歸何處去？香爐峯在宅門前。

墨人註：白居易貶江州司馬時，曾在廬山香爐峯下築一草堂，作爲息影之用。

詠懷

自從委順任浮沉，漸覺年多功用深。面上減除憂喜色，胸中消盡是非心；
妻兒不問唯耽酒，冠蓋皆慵只抱琴。長笑靈均不知命，江籬叢畔苦悲吟。

編集拙詩成一十五卷因題卷末戲贈元九李十二

一篇長恨有風情，十首秦吟近正聲。每被老元偷格律，（白自註：元九向江陵日，嘗以拙詩一軸贈行，自後格變。）苦教短李伏歌行；（白自註：李二十常自負歌行，近見予樂府五十首，默然心伏。）

世間富貴應無分，身後文章合有名。莫怪氣粗言語大，新排十五卷詩成。

以上所舉律詩只是白居易二千八百三十七首中的極少部分。他不但長於樂府歌行，敍事詠物，絕律詩亦令人心折。他自以爲非富貴中人，但他確是富貴壽考。他對自己作品充滿自信：「身後文章合有名」，一點不錯。以作品的量而言，他超過李白、杜甫；以作品的質而言，亦足以與李、杜二人並駕齊驅，難分軒輊。日本漢學家對他更爲敬重。他的長詩除李、杜差可與他並論外，無人能敵。「長恨歌」是一首極有文學、史學雙重價值的好詩，可惜太長，不引。「琵琶行」六百二十一言，是他「元和十年，予左遷九江郡司馬」時寫的。唐人歌行如此感人的實在少見，因長詩難寫，非才情並茂者難以臻此。

琵琶行

潯陽江頭夜送客，楓葉荻花秋瑟瑟。主人下馬客在船，舉酒欲飲無管弦。
醉不成歡慘將別，別時茫茫江浸月。忽聞水上琵琶聲，主人忘歸客不發。
尋聲暗問彈者誰？琵琶聲停欲語遲。移船相近邀相見，添酒迴燈重開宴。
千呼萬喚始出來，猶抱琵琶半遮面。轉軸撥弦三兩聲，未成曲調先有情。
弦弦掩抑聲聲思，似訴平生不得意。低眉信手續續彈，說盡心中無限事。

輕攏慢撚抹復挑，初爲霓裳後六么。大弦嘈嘈如急雨，小弦切切如私語。
嘈嘈切切錯雜彈，大珠小珠落玉盤。間關鶯語花底滑，幽咽泉流水下灘。
水泉冷澀弦凝絕，凝絕不通聲暫歇。別有幽怨暗恨生，此時無聲勝有聲。
銀瓶乍破水漿迸，鐵騎突出刀槍鳴。曲終收撥當心畫，四弦一聲如裂帛。
東舟西舫悄無言，唯見江心秋月白。沉吟放撥插弦中，整頓衣裳起斂容。
自言本是京城女，家在蝦蟆陵下住。十三學得琵琶成，名屬教坊第一部。
曲罷曾教善才伏，妝成每被秋娘妒。五陵少年爭纏頭，一曲紅綃不知數。
鈿頭雲篦擊節碎，血色羅裙翻酒汚。今年歡笑復明年，秋月春風等閒度。
弟走從軍阿姨死，暮去朝來顏色故。門前冷落鞍馬稀，老大嫁作商人婦。
商人重利輕別離，前月浮梁買茶去。去來江口守空船，繞船明月江水寒。
夜深忽夢少年事，夢啼妝淚紅闌干。我聞琵琶已歎息，又聞此語重唧唧。
同是天涯淪落人，相逢何必曾相識？我從去年辭帝京，謫居臥病潯陽城。
潯陽小處無音樂，終歲不聞絲竹聲。住近湓江地低濕，黃蘆苦竹繞宅生。
其間旦暮聞何物？杜鵑啼血猿哀鳴。春江花朝秋月夜，往往取酒還獨傾。
豈無山歌與村笛，嘔啞嘲哳難爲聽。今夜聞君琵琶語，如聽仙樂耳暫明。
莫辭更坐彈一曲，爲君翻作琵琶行。感我此言良久立，卻坐促弦弦轉急。
淒淒不似向前聲，滿座重聞皆掩泣。座中泣下誰最多？江州司馬青衫溼。

白居易原任京官，久居長安，元和十年貶縱鄉九江爲司馬，當時九江自不如長安繁華，但九江爲長江大埠，亦不至於如白居易所寫的那麼落後。白居易遷客心理，又值四十來歲壯年，難免借他人酒杯澆自己塊壘，而琵琶歌女又是最好寫照，白居易才情之高，又非他人可比，所以這首「琵琶行」能流傳千古。白居易善於寫人、表情、狀物，不但「長恨歌」、「琵琶行」如此，「新豐折臂翁」亦然，「簡簡吟」雖短，亦極深刻生動，他實在具有小說家長才，不止於詩人也。

白居易除了無子這一憾事外，他兄弟姊妹衆多，弟弟白行簡不但是詩人，也是小說家。白行簡的「李娃傳」是短篇小說傑作，另外還有一篇「三夢記」。在唐朝詩人中，白居易可以算得上富貴壽考。他在會昌五年三月七十四歲時還在家中擧辦了一個五老「尙齒之會」，此五老是胡杲八十九歲，吉皎八十六歲，鄭據八十四歲，劉眞八十二歲，張渾七十四歲，白居易七十四歲，盧眞七十二歲。這年夏天又有二老與會，這二老一爲李元爽，一百三十六歲，一爲僧如滿九十五歲，所以他又寫了一首「九老圖詩」。他之所以能擧辦此種盛會是有其條件的，因爲他退老之地洛陽履道坊，「地方十七畝、屋三之一、水五之一、竹九之一……」他在「池上篇」序中開頭就說：

「都城風土水木之勝，在東南偏；東南之勝，在履道里；里之勝在西北隅；西北垣第一第，即白氏叟樂天退老之地。……」

不但如此，他還有樊素、小蠻兩位能歌善舞的可人。「櫻桃樊素口，楊柳小蠻腰。」就是寫這兩位可人的，唐時則稱爲「妓」。

白居易可以說是福慧雙修的詩人，比李白、杜甫強多了。他最倒楣的時候是貶謫縱鄉任「江州司馬」

。他在九江四年，卻留下了傳誦千古的「琵琶行」等不少好詩。

白居易對鄉賢陶淵明甚爲敬愛，曾訪陶故居栗里，有詩紀之，並在栗里附近香爐峯下築草堂以居。白去陶五百年，余生也晚，去白千年。我深愛二賢，丙寅六十六歲生日，正讀白詩，感慨良多。我弱冠投筆從戎抗日，多災多難，九死一生，少小離家，老大未歸，歲月悠悠，忽忽將五十年矣，乙丑退休，息影大屯山下，閉門讀書，無欲無求，因成一律，以念前賢，聊以自況。

丙寅生日（余生於庚申年芒種日，丙寅六十六歲。）

投筆揚鞭五十秋，夢魂常擁大江流。江州司馬青衫淚，靖節先生五斗羞；
姊妹峯前雲似錦，大屯山上月如鉤。無欲無求身自在，不憂不喜一沙鷗。

## 楊　衡

楊衡，字仲師，吳興人，官至大理評事，有詩五十八首。

白居易詩讀後，再讀他人作品，便覺無味。讀李白、杜甫後，亦有此感覺。足見大詩人均非浪得虛名者也。

楊衡雖有詩五十八首，好詩不多。較可取者一爲五絕，一爲五律，一爲七絕。

題花樹

都無看花意，偶到樹邊來。可憐枝上色，一一爲愁開。

送人流雷州

逐客指天涯，人間此路賒。地圖經大庾，水驛過長沙；
臘月雷州雨，秋風桂嶺花。不知荒徼外，何處有人家。
七絕「春夢」亦爲他七言中佳構：
空庭日照花如錦，紅妝美人當晝寢。傍人不知夢中事，唯見玉釵時墜枕。

## 崔元亮

崔元亮，字晦叔，磁州人。貞元中與元、白同登第。憲宗時爲監察御史，歷密、歙、湖州刺史。太和中由諫議大夫遷散騎常侍，終虢州刺史，有三州唱和集。全唐詩錄其詩二首，均佳。

和白樂天

病餘歸到洛陽頭，拭目開眉見白侯。鳳詔恐君今歲去，龍門欠我舊時遊；
幾人樽下同歌詠，數盞燈前共獻酬。相對憶劉劉在遠，寒宵耿耿夢長洲。

臨終詩

暫榮暫悴石敲火，即空即色眼生花。許時爲客今歸去，大曆元年是我家。
臨終詩頗有禪機，富貴中人有此領悟，便無俗氣，可作詩人。

## 王　播

王播，字明敭，其先太原人，父恕，爲揚州倉曹參軍，遂家焉，播與弟起、炎，皆有文名，並擢進士。長慶初，拜相；太和初復專政。卒贈太尉，可謂官高爵顯。但他自謂少孤貧，嘗客揚州惠照寺木蘭院，隨僧齋餐。僧厭怠，齋罷而後擊鐘。後二十年，播自重位出鎮揚州，因訪舊游，題名，僧以碧紗幕其詩，播繼以二絕。全唐詩僅錄其詩三首，但這兩首「題木蘭院」七絕，卻將僧情冷暖，世態炎涼，表現無遺。

三十年前此院遊，木蘭花發院新修。如今再到經行處，樹老無花僧白頭。

上堂已了各西東，慚愧闍黎飯後鐘。三十年來塵撲面，如今始得碧紗籠。

## 牟融

牟融，事蹟不詳，有贈歐陽詹、張籍、韓翃諸人詩，當爲貞元、元和間人。有詩六十九首。

牟融在全唐詩人中，聲名不彰，但他六十九首作品中可以說無一不佳，在他之前無此先例。很多人和他剛好相反，詩比他多的人不少，但往往無一首好詩。此外還有一個特色：他六十九首詩中只有兩首七絕，十五首五律，其餘全是七律。七律容易討好，但七律也最難寫，原因是中間兩聯對仗不易，但牟融長於對仗，無一不佳，他的七律功力不在杜甫之下，可惜他沒有杜甫那樣的盛名，莫非命耶?他的詩還有另一個特色，這可能和他的命運有關。從他的詩中可以看出他是一位懷才不遇的詩人，一生潦倒淪落，所以他的詩有寒士氣。從他的五律七律「客中作」兩首中可知其一生梗概：

十年江漢客，幾度帝京遊。跡比風前葉，身如水上鷗；

醉吟愁裏月，羞對鏡中秋。悵望頻回首，西風憶故丘。

千里雲山戀舊遊，寒窗冷雨夜悠悠。浮亭花竹頻勞夢，別路風煙半是愁；
芳草傍人空對酒，流年多病倦登樓。一杯重向樽前酒，莫遣相思累白頭。

他的「寫意」第二首也充滿了失意落魄之感：

蕭蕭華髮滿頭生，深遠蓬門倦送迎。獨喜冥心無外慕，自憐知命不求榮；
閒情欲賦思陶令，臥病何人問馬卿？林下貧居甘困守，儘敎城市不知名。

開頭第一首「春日山亭」更表明了他的懷才不遇：

醉來重整華陽巾，搔首驚看白髮新。莫道愁多因病酒，只緣命薄不辭貧；
龍魚失水難爲用，龜玉蒙塵未見珍。正是盛朝全盛日，詎知林下有閒人！

唐朝是一個以詩取士的時代，詩人多高官厚爵，他卻投閒置散，眞是「冠蓋滿京華，斯人獨憔悴。」

他怎麼不情見乎詞？而他的詩又實在好，尤其是中間兩聯對仗，不讓杜工部。再隨便引幾首如下：

司馬遷墓

落落長才負不羈，中原回首益堪悲。英雄此日誰能薦？聲價當時衆所推；
一代高風留異國，百年遺跡剩殘碑。經過詞客空惆悵，落日寒煙賦黍離。

送羽衣之京

羽衣縹緲拂塵囂，悵別河梁送柳條。閬苑雲深孤鶴迴，蓬萊天近一身遙；
香浮寶輦仙風潤，花落瑤壇絳雨消。自是長生林下客，也陪鴛鷺入清朝。

陳使君山莊

新卜幽居地自偏，士林爭羨使君賢。數椽瀟灑臨溪屋，十畝膏腴附郭田；
流水斷橋芳草路，淡煙疏雨落花天。秋成準擬重來此，沈醉何妨一榻眠。

題寺壁

僧家勝景瞰平川，霧重嵐深馬不前。宛轉數聲花外鳥，往來幾葉渡頭船；
青山遠隔紅塵路，碧殿深籠綠樹煙。聞道此中堪遁跡，肯容一榻學逃禪？

天臺

碧溪流水泛桃花，樹繞天臺迴不賒。洞裏無塵通客境，人間有路入仙家；
雞鳴犬吠三山近，草靜雲和一徑斜。此地不知何處去？暫留瓊珮臥煙霞。

以上五首七律，中間兩聯對仗均極工穩，尤以「流水斷橋芳草路，淡煙疏雨落花天」，「青山遠隔紅塵路，碧殿深籠綠樹煙」，「洞裏無塵通客境，人間有路入仙家」眞是神來之筆。像牟融這樣才華卓越的詩人，在世懷才不遇，死後又埋沒千年，豈非命耶？

## 劉言史

劉言史，邯鄲人。與李賀同時。有詩七十九首。絕句較佳。「贈成鍊師」之一與「病中客散後言懷」可爲代表。

花冠蕊帔色嬋娟，一曲清簫凌紫煙。不知今日重來意，更住人間幾百年？

華髮離披臥滿頭，暗蟲衰草入鄉愁。枕前人去空庭暮，又見芭蕉白露秋。

## 長孫佐輔

長孫佐輔，德宗時人。有詩十七首，五律「代別後夢別」、「山行經村徑」較佳。錄其七絕兩首：

別友人

愁多不忍醒時別，想極還尋靜處行。誰遣同衾又分手？不如行路本無情。

前兩句寫離情，心理描寫細膩。

傷故人歌妓

愁臉無紅衣滿塵，萬家門戶不容身。曾將一笑君前去，誤殺幾多回顧人？

## 盧　殷

盧殷，范陽人。有詩十三首，絕句甚佳。

遇邊使

累年無的信，每夜夢邊城。袖掩千行淚，書封一尺情。

移住別友

自到西川住，唯君別有情。常逢對門遠，又隔一重城。

悲秋

秋空雁度青天遠，疏樹蟬嘶白露寒。階下敗蘭猶有氣，手中團扇漸無端。

晚蟬

深藏高柳背斜暉，能軫孤愁減昔圍。猶畏旅人頭不白，再三移樹帶聲飛。

## 賀蘭朋吉

賀蘭朋吉，與賈島同時，只有詩一首，卻是好詩。

客舍喜友人相訪

荒居無四鄰，誰肯訪來頻？古樹秋中葉，他鄉病裏身；
雁聲風送急，螢影月流新。獨爲成名晚，多慚見友人。

這首詩寫人情世態，頗爲深刻。「古樹秋中葉，他鄉病裏身」對仗極佳。

## 王魯復

王魯復，字夢周，連江人。有詩四首，三首五絕，一首七絕，均佳。錄其中二首。

弔靈均

萬古汨羅深，騷人道不沉。明明唐日月，應見楚臣心。

故白巖禪師院

能師還世名還在，空閉禪堂滿院苔。花樹不隨人寂寞，數枝猶自出牆來。

## 雍裕之

雍裕之，貞元後人，有詩三十三首，全爲絕句，前所未見，好詩甚多。

春晦送客

野酌亂無巡，送君兼送春。明年春色至，莫作未歸人。

蘆花

夾岸復連沙，枝枝搖浪花。月明渾似雪，無處認漁家。

江邊柳

嫋嫋古堤邊，青青一樹煙。若爲絲不斷，留取繫郎船。

游絲

游絲何所似？應最似春心。一向風前亂，千條不可尋。

江上聞猿

風岸月斜明，猿啼旅夢驚。愁多腸易斷，不待第三聲。

聽彈沈湘

賈誼投文弔屈平，瑤琴能寫此時情。秋風一奏沈湘曲，流水千年作恨聲。

以上六首絕句，首首都是好詩，尤以「蘆花」、「江邊柳」、「游絲」，寫物、寫景、抒情，極盡能事。「江上聞猿」、「聽彈沈湘」，最後一句，都是畫龍點睛，其妙無比。五絕七絕優點，雍裕之發揮淋漓盡致。

## 宋　濟

宋濟，德宗時人，與楊衡、符載同棲青城，有七絕二首，均佳。錄其「塞上聞笛」一首：

胡兒吹笛戍樓間，樓上蕭條海月閒。借問梅花何處落？風吹一夜滿關山。

## 符　載

符載，字厚之，蜀人，初隱廬山，後辟西川掌書記，加授監察御史。有七絕二首。「甘州歌」甚佳：

月裏嫦娥不畫眉，只將雲霧作羅衣。不知夢逐青鸞去，猶把花枝蓋面歸。

## 劉　皂・裴交泰

劉皂有五絕「邊城柳」與七絕「長門怨」三首均佳。錄其「邊城柳」一首：

一株新柳色，十里斷孤城。爲近東西路，長懸離別情。

裴交泰只有「長門怨」七絕一首，亦佳，此類宮詞都是同情宮女之作，歷來詩人吟咏甚多。

## 林　傑

短命詩人林傑，字智周，閩人。六歲能詩，援筆立就。十七歲卒。有「王仙壇」、「七巧」七絕二首，均佳，錄其「七巧」一首：

七夕今宵看碧霄，牽牛織女渡河橋。家家乞巧望秋月，穿盡紅絲幾萬條。

## 蘇　郁

蘇郁，貞元、元和間人，有七絕三首，其「詠和親」、「鸚鵡詞」兩首，頗有新意：

關月夜懸青冢鏡，寒雲秋薄漢宮羅。君王莫信和親策，生得胡雛虜更多。

莫把金籠閉鸚鵡，箇箇分明解人語。忽然更向君前言，三十六宮愁幾許？

專制時代，能寫這兩首詩而不賈禍，實在難能可貴。

## 蔡　京

蔡京，初爲僧，令孤楚鎮滑臺，勸之學，後以進士舉第，官御史，謫澧州刺史，遷撫州，有詩三首。

其「責商山四皓」七絕亦是犯忌作品。「詠子規」七律，詩意甚濃：

千年冤魄化爲禽，永逐悲風叫遠林。愁血滴花春豔死，月明飄浪冷光沈；
凝成紫塞風前淚，驚破紅樓夢裏心。腸斷楚詞歸不得，劍門迢遞蜀江深。

張頂有「獻蔡京」七絕一首，亦佳。

## 李渤・李涉

李渤，字濬之，洛陽人。少隱廬山。元和中，徵為著作郎。敬宗時，由考功郎中拜給事中，伉直敢言，出為桂管觀察使。有詩五首，以「留別南溪二首」七律為佳，錄其一首。（其兄李涉有詩一一五首，亦有此二首，不知究竟屬誰？）

常嘆春泉去不回，我今別後更難來。欲知別後留情處，手種巖花次第開。

## 徐凝

徐凝，睦州人，元和中官至侍郎，有詩一百零一首，四殘句。十之八九為絕句，且多七絕。以「香爐峯」、「廬山獨夜」、「和嵩陽客月夜憶上清人」、「八月望夕雨」、「寄白司馬」、「相思林」、「寄海嶠上人」等較佳，尤以「自鄂渚至河南將歸江外留辭侍郎」，感人最深，可視為代表作。

宿冽上人房

浮生不定若蓬飄，林下真僧偶見招。覺後始知身是夢，更聞寒雨滴芭蕉。

自鄂渚至河南將歸江外留辭侍郎

一生所遇唯元白，天下無人重布衣。欲別朱門淚先盡，白頭遊子白身歸。

這兩首詩諒是失意時作，「更聞寒雨滴芭蕉」，益增淒涼。「天下無人重布衣」，古今皆然。他對元微之、白樂天的推重，引為知己，於此詩中可見。其「憶揚州」一首又可媲美小杜：

蕭娘臉下難勝淚，桃葉眉頭易得愁。天下三分明月夜，二分無賴是揚州。

## 李紳

李紳，字公垂，潤州無錫人。元和初，擢進士第，曆任中書侍郎同平章事，進尙書右僕射，封趙國公，卒贈太尉。有詩一三〇首。紳以短小精悍著稱，官高爵顯，雖謂有詩名，實少好詩，因非性情中人也。僅「古風」二首可誦：

春種一粒粟，秋成萬顆子。四海無閒田，農夫猶餓死。

鋤禾日當午，汗滴禾下土。誰知盤中飧，粒粒皆辛苦。

其實這兩首五言，只能算是說理詩，詩情不足，長於理而拙於情，但在李紳作品中，算是好詩了。

## 殷堯藩

殷堯藩，蘇州嘉興人，元和中進士，歷任監察御史，永樂令，有詩八十八首。好詩不多，以「登鳳凰臺」第二首、「韓信廟」、「寄許渾秀才」、「送白舍人渡江」七律較佳。錄其五絕二首：

客中有感

天地一身在，頭顱五十過。流年消壯志，空使淚成河。

憶家

樹擁溪邊閣，山浮雨後嵐。白頭歸未得，夢裏望江南。

全唐詩第八册自李紳起以至崔郊，其間有崔公信、楊虞卿、楊汝士、陳至、趙蕃、鮑溶、盧鈞、范傳質、賈謩、陳彥博、唐扶、陶雍、郭周藩、侯冽、王質、高銖、舒元輿、盧宗回、周匡物、廖有方、皇甫曙、陳去疾、張蕭遠、李播、王季則、紀元臯、吳晃、鄒還古、獨狐鉉、王初、劉軻、朱晝、滕邁、滕倪、殷堯藩、沈亞之、施肩吾、費冠卿、蕭建、劉虛白、姚合、周賀、鄭巢、崔涯、呂羣、郭良驥、王叡、焦郁等，多達數十人，詩以千首計，卻無一首眞正好詩，讀之令人洩氣！尤以姚合，作品多達數百首，卻無一首好詩，用字造句，均少詩意。此輩誠屬庸才，不過叨盛唐詩人之光，濫竽充數而已。直到讀到崔郊的「贈去婢」，才撥雲見日，爲之一喜。

## 崔　郊

崔郊只是元和間的一位秀才，既無赫赫功名，亦無爵位，也只有「贈去婢」詩一首，但這首詩卻可以使他不朽：

公子王孫逐後塵，綠珠垂淚滴羅巾。侯門一入深如海，從此蕭郎是路人。

原來崔郊寓居漢上，其姑有婢端麗，郊有阮咸之惑，姑鬻之連帥于公頔，郊思慕無已，婢因寒食偶出値郊，郊贈詩云云。公覩詩，召郊至，握手曰：「蕭郎是路人，是公作耶？何不早相示也？」遂命婢同歸。這眞是一段佳話。如果不是崔郊的詩動人，也不會有這段佳話。由此亦可見，不是至情至性的人，寫不出好詩。俗人更寫不出好詩，不論其爲進士或是博士。

## 顧非熊

顧非熊，況之子。性滑稽，好凌轢，困舉場三十年，穆宗長慶中，登進士第，累佐使府。大中間，爲盱眙尉，慕父風，棄官隱茅山。有詩七十五首。多有靈性，均清新可誦。其中以五律爲多，常有佳句。「早秋雨夕」、「送馬戴入山」、「寄九華山費拾遺」、「秋中陝州道中作」均佳。

秋日陝州道中作

孤客秋風裏，驅車入陝西。關河午時路，村落一聲雞；
樹勢標秦遠，天形到岳低。誰知我名姓？來往自栖栖。

## 張祜

張祜，字承吉，清河人，以宮詞得名。嘗客淮南，愛丹陽曲阿地，築室卜隱，有詩三百四十餘首。絕句優於律詩。五律以「觀徐州李司空獵」、「獵」、「訪許用晦」等較佳。七律以「洛陽感寓」、「從軍行」、「愛妾換馬」等較佳。錄其絕句數首如下：

宮詞二首

故國三千里，深宮二十年。一聲何滿子，雙淚落君前。
自倚能歌日，先皇掌上憐。新聲何處唱？腸斷李延年。

昭君怨一首

萬里邊城遠，千山行路難。舉頭唯見月，何處是長安？

書憤

三十未封侯，顛狂遍九州。平生鏌鋣劍，不報小人讎。

題金陵渡

金陵津渡小山樓，一宿行人可自愁。潮落夜江斜月裏，兩三星火是瓜州。

縱遊淮南

十里長街市井連，月明橋上看神仙。人生只合揚州死，禪智山光好墓田。

## 朱慶餘

朱慶餘，名可久，以字行。越州人，受知於張籍，寶歷進士，有詩一七七首。有兩首七絕極佳，其餘平平。

宮詞

寂寂花時閉院門，美人相並立瓊軒。含情欲說宮中事，鸚鵡前頭不敢言。

近試上張籍水部

洞房昨夜停紅燭，待曉堂前拜舅姑。妝罷低聲問夫婿，畫眉深淺入時無。

這兩首詩描寫女性心理十分深刻，是才人吐屬。朱之其他作品，不可同日而語，幾疑非出自一人手筆。後一首一作「閨意上張水部」。這首詩是寫「閨意」，題更貼切。

## 雍　陶

雍陶，字國鈞，成都人。太和間進士，大中八年，自國子毛詩博士出刺簡州。有詩一三三首。唐詩自白居易以下，樂府長詩漸少，絕律漸多。絕律爲詩之精華，格律嚴謹，難以藏拙，故自白以後，好詩亦不多見。

雍陶詩幾全爲絕律，好詩亦不多，錄其較佳絕句如后：

離家後作

世上無媒似我希，一身唯有影相隨。出門便作焚舟計，生不成名死不歸。

旅懷

舊里已悲無產業，故山猶戀有煙霞。自從爲客歸時少，旅館僧房卻是家。

貧居春怨

貧居盡日冷風煙，獨向簷牀看雨眠。寂寞春風花落盡，滿庭楡莢似秋天。

自蔚州南入眞谷有似劍門因有歸思

我家蜀地身離久，忽見胡山似劍門。馬上欲垂千里淚，耳邊唯欠一聲猿。

雍陶詩煙火味重，尤以「離家後作」一首爲甚，境界不高。境界繫乎人生哲學修養，不可倖致。詩以境界第一，故大詩人非徒以辭章聲律勝也。

## 李遠

李遠，字求古，蜀人。太和進士，歷忠、建、江州刺史，終御史中丞，有詩三十五首，四殘句。

李遠詩少煙火氣，多清新可誦，「題僧院」、「閒居」、「失鶴」、「聽王氏話歸州昭君廟」、「吳越懷古」、「長安即事寄友人」等律詩均佳。錄其五律「閒居」一首：

塵事久相棄，沈浮皆不知。牛羊歸古巷，燕雀遠疏籬；
買藥經年晒，留僧盡日棋。唯憂釣魚伴，秋水隔波時。

## 杜牧

杜牧，字牧之，京兆萬年人。太和二年進士，復舉賢良方正。歷任監察御史、史舘修撰、黃、池、睦、湖州刺史、中書舍人等職。剛直有奇節，敢論列大事，不拘細行。有詩五百二十五首。人稱小杜。

全唐詩到白居易，發展已至最高峯。白以後漸趨下坡。直到杜牧，又奇峯突起。杜牧長詩亦復不少，但質與量均難望樂天。其杜秋娘詩、張好好詩，與長恨歌、琵琶行同樣是寫人物，但不能與長恨歌、琵琶行相提並論。但杜牧的絕律詩則可與李、杜、白頡頏。他詩情豪放，才氣縱橫，自成一家。他是一位入世的詩人，與李白、王維、白居易等游於佛道之間的思想境界不同，與杜甫的念念不忘君國的心情也不一樣。他有他自己的世界，雖未昇華，亦不執着，率性寫詩，毫無拘束。他的好詩甚多，舉其要者如后：

過華清宮

長安回望繡成堆，山頂千門次第開。一騎紅塵妃子笑，無人知是荔枝來。

這首詩是寫楊貴妃愛吃荔枝的故事，有歷史價值。過華清宮絕句一共三首，首首都與歷史有關。

獨酌

窗外正風雪，擁爐開酒缸。何如釣船雨？篷底睡秋江。

江南春絕句

千里鶯啼綠映紅，水村山郭酒旗風。南朝四百八十寺，多少樓臺煙雨中。

隋堤柳

夾岸垂楊三百里，祇應圖畫最相宜。自嫌流落西歸疾，不見東風二月時。

泊秦淮

煙籠寒水月籠沙，夜泊秦淮近酒家。商女不知亡國恨，隔江猶唱後庭花。

寄揚州韓綽判官

青山隱隱水迢迢，秋盡江南草木凋。二十四橋明月夜，玉人何處教吹簫？

贈別

多情卻似總無情，唯覺尊前笑不成。蠟燭有心還惜別，替人垂淚到天明。

遣懷

落魄江湖載酒行，楚腰腸斷掌中輕。十年一覺揚州夢，贏得青樓薄倖名。

歎花

自恨尋芳到已遲，往年曾見未開時。如今風擺花狼籍，綠葉成蔭子滿枝。

山行

遠上寒山石徑斜，白雲生處有人家。停車坐愛楓林晚，霜葉紅於二月花。

秋夕

紅燭秋光冷畫屏，輕羅小扇撲流螢。天階夜色涼如水，臥看牽牛織女星。

金谷園

繁華事散逐風塵，流水無情草自春。日暮東風怨啼鳥，落花猶似墜樓人。

杜牧是全唐詩人中的絕句高手，無論寫情、寫景、詠史、寫人，無一不妙。而其造詞取韻，眞如行雲流水，酣暢之至。絕句如此，律詩亦然。

題宣州開元寺水閣閣下宛溪夾溪居人

六朝文物草連空，天淡雲閒今古同。鳥去鳥來山色裏，人歌人哭水聲中；深秋簾幕千家雨，落日樓臺一笛風。惆悵無因見范蠡，參差煙樹五湖東。

自宣城赴官上京

瀟灑江湖十過秋，酒杯無日不淹留。謝公城畔溪驚夢，蘇小門前柳拂頭；千里雲山何處好？幾人襟韻一生休。塵冠掛卻知閒事，終擬蹉跎訪舊遊。

宣州送裴坦判官往舒州時牧欲赴官歸京

日暖泥融雪半銷，行人芳草馬聲驕。九華山路雲遮寺，清弋江村柳拂橋；

君意如鴻高的的，我心懸旆正搖搖。同來不得同歸去，故國逢春一寂寥。

登池州九峯樓寄張祜

百感中來不自由，角聲孤赴夕陽樓。碧山終日思無盡，芳草何年恨即休？睫在眼前長不見，道非身外更何求？誰人得似張公子？千首詩輕萬戶侯。

九日齊安登高

江涵秋影雁初飛，與客携壺上翠微。塵世難逢開口笑，菊花須插滿頭歸；但將酩酊酬佳節，不用登臨歎落暉。古往今來只如此，牛山何必淚霑衣？

杜牧的好詩不止這些，他的詩的特點是讀來酣暢淋漓，才氣逼人。絕律詩的優點在他的詩中表現無遺。

法國現在正興起唐詩熱，李白、王維、寒山詩集已先後出版，深爲法人喜愛。白居易、老杜、李商隱、小杜詩集尚無法譯消息。法人譯唐詩而不譯這些大詩人作品，實在可惜。值得法譯的唐詩，應有二三十家。

## 李商隱

李商隱，字義山，懷州河內人。令孤楚帥河南，奇其文，使與諸子游。楚徙天平、宣武，皆表署巡官。開成二年，高鍇知貢擧，令孤綯雅善鍇，獎譽甚力，故擢進士第，調弘農尉，以忤觀察使，罷去。尋復官，又試拔萃中選。王茂元鎮河南，愛其才，以子妻之，得侍御史。茂元死，游京師，以後歷任判官、府參軍，終檢校工部員外郎。商隱一生未曾顯貴，與同代詩人相較，不足道也。然其詩作少有其匹，惟杜牧可相頡頏。唐朝三百年間的傑出詩人，可兩兩相配者，爲王維、孟浩然；李白、杜甫；白居易、元微之；杜牧、李商隱。他們都不愧爲唐朝的大詩人。

李商隱有詩五百九十八首，數殘句。除李白、杜甫、白居易、元微之等少數詩人外，他的作品也算多的一位，比杜牧還多七十多首。

讀杜牧詩有十分酣暢之感。而杜牧之後的許渾雖也有詩數百首，卻讀不起勁來，幸好接着是李商隱，李商隱的才情與杜牧可謂一時瑜亮，許渾夾在中間，便黯然失色。李商隱的好詩極多，尤其是七律，他的「錦瑟」和許多「無題」詩，足可與杜甫的「秋興」抗衡，都是典範之作。他與杜牧是繼白居易顛峯之後雙峯突起的兩大詩人。他的好詩極多，引介如后：

夜雨寄北

君問歸期未有期，巴山夜雨漲秋池。何當共剪西窗燭，卻話巴山夜雨時。

爲有

爲有雲屏無限嬌，鳳城寒盡怕春宵。無端嫁得金龜婿，辜負香衾事早朝。

常娥

雲母屏風燭影深，長河漸落曉星沉。常娥應悔偷靈藥，碧海青天夜夜心。

錦瑟

錦瑟無端五十絃，一絃一柱思華年。莊生曉夢迷蝴蝶，望帝春心託杜鵑；

滄海月明珠有淚，藍田日暖玉生煙。此情可待成追憶，只是當時已惘然。

杜工部蜀中離席

人生何處不離羣？世路干戈惜暫分。雪嶺未歸天外使，松州猶駐殿前軍；
座中醉客延醒客，江上晴雲雜雨雲。美酒成都堪送老，當壚仍是卓文君。

隋宮

紫泉宮殿鎖煙霞，欲取蕪城作帝家。玉璽不緣歸日角，錦帆應是到天涯；
于今腐草無螢火，終古垂楊有暮鴉。地下若逢陳後主，豈宜重問後庭花？

王十二兄與畏之員外相訪見招小飲時予以悼亡日近不去因寄

謝傅門庭舊末行，今朝歌管屬檀郎。更無人處簾垂地，欲拂塵時簟竟牀；
嵇氏幼兒猶可憫，左家嬌女豈能忘？秋霖腹疾俱難遣，萬里西風夜正長。

無題

昨夜星辰昨夜風，畫樓西畔桂堂東。身無彩鳳雙飛翼，心有靈犀一點通；
隔座送鉤春酒暖，分曹射覆蠟燈紅。嗟余聽鼓應官去，走馬蘭臺類斷蓬。（一作轉篷）
來是空言去絕蹤，月斜樓上五更鐘。夢爲遠別啼難喚，書被催成墨未濃；
蠟燭半籠金翡翠，麝熏微度繡芙蓉。劉郎已恨蓬山遠，更隔蓬山一萬重。

颯颯東風細雨來，芙蓉城外有輕雷。金蟾齧鎖燒香入，玉虎牽絲汲井迴；
賈氏窺簾韓掾少，宓妃留枕魏王才。春心莫共花爭發，一寸相思一寸灰。

相見時難別亦難，東風無力百花殘。春蠶到死絲方盡，蠟炬成灰淚始乾；
曉鏡但愁雲鬢改，夜吟應覺月光寒。蓬山此處無多路，青鳥殷勤爲探看。

鳳尾香羅薄幾重，碧文圓頂夜深縫。扇裁月魄羞難掩，車走雷聲語未通；
曾是寂寥金燼暗，斷無消息石榴紅。斑騅只繫垂楊柳，何處西南任好風？

垂帷深下莫愁堂，臥後清宵細細長。神女生涯原是夢，小姑居處本無郎；
風波不信菱枝弱，月露誰教桂葉香？直道相思了無益，未妨惆悵是清狂。

李商隱的好詩實在很多，甚至他的「無題」也不止此。而他的「錦瑟」和「無題」詩，千年來又一直膾炙人口，但又未能全懂。我敢斗膽說，他這些詩全是情詩，又多用的是暗示的象徵手法，產生了一種特別的朦朧美，而不是晦澀。法國象徵派詩人波特萊爾（Charles Baudelaire, 1821-1867）和魏侖（Paul Verlaire, 1844-1896），晚生他八九個世紀，法國的象徵詩影響我們的新詩很大，但同時造成了新詩的混亂和晦澀，而李商隱的詩始終予人以意在言外，韻味無窮的美感，新詩卻很難辦到。讀李商隱的詩，更值得當代詩人深思。

裴思謙

裴思謙，開成登第，官衞尉卿，只有「及第後宿平康里」七絕一首，這首詩倒清新可讀：

銀缸斜背解鳴璫，小語低聲賀玉郎。從此不知蘭麝貴，夜來新染桂枝香。

鄭史

鄭史，字惟直，宜春人，開成元年舉進士第，國子博士，歷永州刺史，有詩三首，以「贈妓行雲詩」為佳：

最愛鉛華薄薄妝，更兼衣著又鵝黃。從來南國名佳麗，何事今朝在北行？

唐朝社會比較開放，士大夫地位特殊，官有官妓，個人更多蓄歌舞妓，惟唐時士人之所謂「妓」，多能歌詩善舞，不似今日等而下之。

趙璜

趙璜，開成三年登第，有詩四首，「曲江上巳」七絕較佳：

長堤十里轉香車，兩岸烟花總不如。欲問神仙在何處？紫雲樓閣向空虛。

薛瑩

薛瑩，文宗時人，有詩十首，兩首五絕甚佳：

秋日湖上

落日五湖遊，煙波處處愁。沈浮千古事，誰與問東流？

江山閒望

渺渺無窮盡，風濤幾日平？年光與人事，東去一聲聲。

## 趙　嘏

趙嘏，字承祐，山陽人，會昌二年，登進士第，大中間，仕至渭南尉卒。有詩二六二首，數殘句。趙詩清新可誦，詩意甚濃，了無俗氣，佳句甚多。杜牧最愛其「長笛一聲人倚樓」句，因稱趙倚樓。其他佳句如「處處白雲迷駐馬，家家紅樹近流鶯」;「江連故國無窮恨，日帶殘雲一片秋」;「扁舟幾處逢溪雲，長笛何人怨柳花」;「郡斜楊柳春風岸，山映樓臺明月溪」等是。錄其絕律數首如后：

江樓舊感

獨上江樓思渺然，月光如水水如天。同來望月人何處？風景依稀似去年。

東亭柳

拂水斜煙一萬條，幾隨春色醉河橋。不知別後誰攀折？猶自風流勝舞腰。

靈巖寺

館娃宮伴千年寺，水濶雲多客到稀。聞說春來更惆悵，百花深處一僧歸。

宿靈巖寺

明月溪頭寺，蟲聲滿橘洲。倚欄香徑晚，移石太湖秋；
古樹雲歸盡，荒臺水更流。無人見惆悵，獨上最高樓。

東望

楚江橫在草堂前，楊柳洲西載酒船。兩見梨花歸不得，每逢寒食一潸然；
斜陽映閣山當寺，微綠含風月滿川。同郡故人攀桂盡，把詩吟向泬寥天。

## 南　卓

南卓，字昭嗣。初爲拾遺，因諫出宰松滋，大中時爲黔南經略使，只有「贈副戎」詩一首，較之薛能三一三首而無一首可取者爲佳，薛能雖貴爲工部尙書，旣無詩才，又走偏鋒，且輕杜甫、白居易、諸葛亮等前賢，徒見其狂妄耳。南卓「贈副戎」詩如下：

翺翔曾在玉京天，墮落江南路幾千。從事不須輕縣宰，滿身猶帶御爐煙。

這些詩是借他人酒杯澆自己塊壘，含蓄自負，不露形跡。

## 韓　琮

韓琮，字成，一作代封。初爲陳許節判官，後歷中舍人，湖南觀察使，有詩二十四首，以「涼州詞」、「暮春滻水送別」、「駱谷晚望」、「楊柳枝」較佳，茲另錄其「楊柳枝詞」如后：

枝閂纖腰葉閂眉，春來無處不如絲。霸陵橋上多離別，少有長條拂地垂。

## 韋蟾

韋蟾，字隱珪，下杜人。大中進士，初爲徐商掌書記，咸通末，終尚書左丞，有詩十首。其「贈商山僧」一首，頗有新意：

商嶺東西路欲分，兩間茅屋一溪雲。師言耳重知師意，人是人非不欲聞。

## 崔櫓（一作魯）

崔魯，大中時進士（一作廣明中進士）。棣州司馬。有詩十六首。詩雖不多，詩意卻濃，遠甚薛能輩。錄其七言絕句各二首。

清華宮（三首錄二）

草遮回磴絕鳴鑾，雲樹深深碧殿寒。明月自來還自去，更無人倚玉欄干。

門橫金鎖悄無人，落日秋聲渭水濱。紅葉下山寒寂寂，溼雲如夢雨如塵。

過鑾溪渡

綠楊如髮雨如煙，立馬危橋獨喚船。山口斷雲迷舊路，渡頭芳草憶前年；

身隨遠首徒悲梗，詩賣明時不直錢。歸去楚臺還有計，釣船春雨日高眠。

岸梅

含情含怨一枝枝，斜壓漁家短短籬。惹袖尙餘香半日，向人如訴雨多時；
初開已入雕梁畫，未落先愁玉笛吹。行客見來無去意，解帆煙浦爲題詩。

## 李羣玉

李羣玉，字文山，澧州人，性曠逸，赴舉一上而止，以吟詠自適，裴休觀察湖南，延致之，及爲相，以詩論荐，授弘文舘校書郎，未幾，乞假歸卒，有詩二六二首。以「中秋廣江驛示韋益」五律、「江樓閒望懷關中親故」、「仙明洲口號」七律較佳。以「言懷」七絕、「同鄭相幷歌姬小飲戲贈」七律最具代表性。

言懷

白鶴高飛不逐羣，嵇康琴酒鮑昭文。此身未有棲歸處，天下人間一片雲。

同鄭相幷歌姬小飲戲贈

裙拖六幅湘江水，鬢聳巫山千朵雲。風格只應天上有，歌聲豈合世間聞？
胸前瑞雪燈斜照，眼底桃花酒半醺。不是相如憐賦客，爭教容易見文君？

## 賈島

賈島，字浪仙，范陽人。初爲浮圖，名無本，來東都時洛陽令禁僧午後不得出，島爲詩自傷，韓愈憐之，因敎其爲文，遂去浮圖，舉進士，詩思入僻，當其苦吟，雖逢公卿貴人，不之覺也。累舉不第，文宗時，坐飛謗，貶長江主簿。會昌初，以普州司馬倉參軍遷司戶，未受命卒。有詩四〇一首，數殘句。

賈島詩才不高，作品出於苦吟。如今文人行文須多推敲，「推敲」典故即出自賈島「鳥宿池邊樹，僧敲月下門。」兩句。據說他原用「推」字，後又改爲「敲」字。「敲」字當然比「推」切合。但由於詩才不高，其詩雖經推敲，好詩仍然甚少，其才絕難望李白、李商隱、元微之、杜牧等人項背，亦難與「語不驚人死不休」的杜甫相比，思想境界更難與王維、白居易等人相提並論。這是我原先沒有想到的，因此頗爲失望。其四百零一首詩中，只有「田將軍書院」、「題虢州三草堂贈吳郎中」、「贈牛山人」七律及「送康秀才」、「早行」、「送道者」五律較佳。五絕「尋隱者不遇」一作孫革訪羊尊師詩，不敢斷爲賈島作品。這首「松下問童子，言師採藥去。只在此山中，雲深不知處。」妙手天成，毫無斧鑿痕跡。他的「尋人不遇」五絕，與這首詩差可相比。

尋人不遇

聞說到揚州，吹簫有舊遊。人來多不見，莫是上迷樓。

題詩後

二句三年得，一吟雙淚流。知音如不賞，歸臥故山秋。

我們從「二句三年得」這一句就可以瞭解他寫作的艱苦。這首詩是在他吟成「獨行潭底影，數息樹邊身」兩句詩下所題的一絕。另外再錄他幾首比較好的詩，以慰他在天之靈。

過京索先生墳

京索先生三尺墳，秋風漠漠吐寒雲。從來有恨君多哭，今日何人更哭君？

早行

早起赴前程，鄰鷄尚未鳴。主人燈下別，羸馬暗中行；
蹋石新霜滑，穿林宿鳥驚。遠山鐘動後，曙色漸分明。

送道者

獨向山中見，今朝又別離。一心無掛住，萬里獨何之？
到處絕煙火，逢人話古時。此行無弟子，白犬自相隨。

田將軍書院

滿庭花木半新栽，石自平湖遠岸來。筍迸鄰家還長竹，地經山雨幾層苔。
井當深夜泉微上，閣入高秋戶盡開。行閉曲江誰到此？琴書鎖着未朝廻。

## 温庭筠

溫庭筠，本名岐，字飛卿，太原人，工詞章小賦，數擧進士不第，每入試，押官韻作賦，凡八叉手而成，時號溫八叉。有詩三三四首，與李商隱皆有名，時稱溫李。然作品數量少李甚多。

溫詩七言優於五言，五言名句爲「鷄聲茅店月，人迹板橋霜。」七言佳作較多，如「贈蜀府將」、「西上貽釣叟騫生」、「題李處士幽居」、「利州南渡」、「南湖」、「偶題」、「題望苑驛」、「和友人悼亡」、「李羽處士故里」、「和經商山寄昔同行人」、「偶遊」、「七夕」、「春日將欲東歸寄新及第

「杏花」、「經李徵君故居」、「送崔郎中赴幕」、「瑤瑟怨」、「秋日旅社寄義山李侍御」、「龍尾驛婦人圖」等，都是好詩。

龍尾驛婦人圖

慢笑開元有倖臣，直敎天子到蒙塵。今來看畫猶如此，何況親逢絕世人？

贈盧長史

移病欲成隱，扁舟歸舊居。地深心事少，官散故交疏；道直更無侶，家貧惟有書。東門煙水少，非獨爲鱸魚。

瑤瑟怨

冰簟銀牀夢不成，碧天如水夜雲輕。雁聲遠過瀟湘去，十二樓中月自明。

偶遊

曲巷斜臨一水間，小門終日不開關。紅珠斗帳櫻桃熟，金尾屏風孔雀閒；雲髻幾迷芳草蝶，額黃無限夕陽山。與君便是鴛鴦侶，休向人間覓往還。

偶題

微風和暖日鮮明，草色迷人向渭城。吳客捲簾閒不語，楚娥攀樹獨含情；紅垂果蒂櫻桃重，黃染花叢蝶粉輕。自恨青樓無近信，不將心事許卿卿。

利州南渡

澹然空水對斜暉，曲島蒼茫接翠微。波上馬嘶看櫂去，柳邊人歇待船歸；

數叢沙草羣鷗散，萬頃江田一鷺飛。誰解乘舟尋范蠡？五湖煙水獨忘機。

贈蜀府將

十年分散劍關秋，萬事皆隨錦水流。志氣已曾明漢節，功名猶自滯吳鉤；

鵰邊認箭寒雲重，馬上聽笳塞草愁。今日逢君信惆悵，灌嬰韓信盡封侯。

溫飛卿詩亦是才人吐屬，與杜牧、李義山二人風格相近，均富才情。與韓愈、孟郊、賈島大異其趣。

## 劉滄

劉滄，字蘊靈，魯人。大中八年進士，歷任華陽尉、龍門令。有詩一〇一首。五律僅二首，其餘均爲七律，佳作甚多，如「經煬帝行宮」、「春日遊嘉陵江」、「晚秋洛陽客舍」、「秋日望西陽」、「鄴都懷古」、「秋夕山齋即事」、「秋日寓懷」、「江城晚望」、「宿蒼谿舘」、「浙江晚渡懷古」、「秋日山寺懷友人」……等等，都是好詩，佳作比例甚高，不下同代諸大詩人，亦異數也。

對殘春

楊花漠漠暗長堤，春盡人愁鳥又啼。鬢髮近來先處白，家園幾向夢中迷；

霏微遠樹荒郊外，半落空城近照西。唯有年光堪自惜，不勝煙草日萋萋。

寄遠

西園楊柳暗驚秋，寶瑟朱絃結遠愁。霜落雁聲來紫塞，月明人夢在青樓；

蕙心迢遞湘雲暮，蘭思縈廻楚水流。錦字織成添別恨，關河萬里路悠悠。

長安逢友人

上國相逢塵滿襟，傾杯一話昔年心。荒臺共望秋山立，古寺多同雪夜吟；
風度重城宮漏盡，月明高柳禁煙深。終期白日青雲路，休感鬢毛霜雪侵。

贈隱者

何時止此幽棲處？獨掩衡門長綠苔。臨水靜聞靈鶴語，隔原時有主人來；
五湖仙島幾年別，九轉藥爐深夜開。誰識無機養眞性？醉眠松石枕空杯。

## 李　頻

李頻，字德新，睦州壽昌人。大中八年進士，歷官武功令、侍御使、都官員外郎、建州刺史。有詩二〇二首。多爲五言，好詩甚少。七言以「湘口送友人」、「春日思歸」兩律及「聞金吾妓唱梁州」一絕較佳。錄其五言三首如后：

過四皓廟

東西南北人，高跡自相親。天下已歸漢，山中猶避秦；
龍樓曾作客，鶴氅不爲臣。獨有千年後，青青樹木春。

送劉山人歸洞庭

君逐雲山去，人間又絕蹤。半湖乘早月，中路入疏鐘；
秋盡草蟲急，夜深山雨重。平生心未已，豈得更相從？

渡漢江

嶺外音書絕，經冬復歷春。近鄉情更怯，不敢問來人。

## 崔 珏

崔珏，字夢之，嘗寄家荊州，大中進士。歷官秘書郎、淇縣令、侍御。有詩十五首。其中「哭李商隱」兩首之第二首，既切合商隱，亦見作者才情。

虛負凌雲萬丈才，一生襟抱未曾開。鳥啼花落人何在？竹死桐枯鳳不來；

良馬足因無主踠，舊交心爲絕弦哀。九泉莫嘆三光隔，又送文星入夜臺。

## 儲嗣宗

儲嗣宗，大中十年進士，有詩四十首，多爲五言。詩無俗氣，恬淡宜人，佳構不少，如「垓城」、「南陂遠望」、「山鄰」、「送道士」、「宿山舘」、「孤雁」、「贈隱者」、「早春懷薛公裕」、「村月」、「早春」、「經故人居」等，均堪咀嚼。錄其五律二首。

孤雁

孤雁暮飛急，蕭蕭天地秋。關河正黃葉，消息斷青樓；

湘渚煙波遠，驪山風雨秋。此時萬里道，魂夢繞滄洲。

經故人舊居

萬里訪遺塵，鶯聲淚溼巾。古書無主散，廢宅與山鄰；
宿草風悲夜，荒村月弔人。淒涼問殘柳，今日為誰春？

## 于武陵

于武陵，會昌時人，大中進士，有詩五十首，詩風近儲嗣宗，亦多為五言。「早春山行」、「洛陽道」、「東門路」、「洛中晴望」、「贈王隱者山居」、「夜與故人別」、「別故人」、「孤雲」、「遠水」、「長安逢隱者」等均為佳構。其「洛陽道」與「東門路」等詩為浮世繪。唐時洛陽、長安，紅塵滾滾，士子爭名逐利三百年，於詩中可以概見。作者似置身事外。

洛陽道

浮世若浮雲，千回故復新。旋添青草塚，更有白頭人；
歲暮容將老，雪青山欲春。行行車與馬，不盡洛陽塵。

東門路

東門車馬路，此路在浮沉。白日若不落，紅塵應更深；
從來名利地，皆起是非心。所以青青草，年年生漢陰。

此外還有「過洛陽城」五律，一開頭就寫「古來名與利，俱在洛陽城」，而第二聯「周秦時幾變，伊洛水猶清」更見其別有懷抱，出塵脫俗。非韓愈、孟郊之流可比。

## 司馬扎

司馬扎，大中時人。有詩三十九首。其中「效陶彭澤」、「曉過伊水寄龍門僧」、「宮怨」、「南徐夕眺」等較佳。「送歸客」可作代表：

多才與命違，末路隱柴扉。白髮何人問？青山一劍歸；
晴煙獨鳥沒，野渡亂花飛。寂寞長亭外，依然空落暉。

## 司空圖

司空圖，字表聖，河中虞鄉人。咸通末進士，歷任禮部郎中、中書舍人，歸隱中條山王官谷，圖少有俊才，晚年避世棲隱，自號知非子，耐辱居士，有先世別墅，泉石林亭，日與名僧高士遊詠其中，有詩三九五首，及十餘殘句。他最有名的一首是「河湟有感」七絕：

一自蕭關起戰塵，河湟隔斷異鄉春。漢兒盡作胡兒語，卻向城頭罵漢人。

事隔上千年，這首詩在今天依然切合事實。其不朽者亦在此。文學作品貴能反映時代社會形態和人的心態，脫離現實，或所謂超現實，是自取其敗。

司空圖的詩亦見才氣，可讀之詩不少，七絕亦多，但無「河湟有感」七絕感人之深者。他有詩品二十四則，是以詩論詩，均為四言，題為雄渾、沖淡、纖穠、沈著、高古、典雅、洗鍊、勁健、綺麗、自然、含蓄、豪放、精神、縝密、疏野、清奇、委曲、實境、悲慨、形容、超詣、飄逸、曠達、流動等。以之論詩，可謂竭盡其能。詩很少能超出此二十四品。如他論「含蓄」，就很恰當：

「不著一字，盡得風流，語不涉難，已不堪憂。是有眞宰，與之沈浮，如淥滿酒，花時返秋，悠悠空塵，忽忽海漚，淺深聚散，万取一收。」

他的「王官二首」，即符合「自然、沖淡、典雅、含蓄」之旨：

風荷似醉和花舞，沙鳥無情伴客閒。總是此中皆有恨，更堪微雨半遮山。

荷塘煙罩小齋虛，景物皆宜入畫圖。盡日無人只高臥，一雙白鳥隔紗厨。

而他的「河湟有感」則是「勁健、沈著、悲慨」兼而有之。

## 胡　曾

胡曾，邵陽人。咸通中舉進士不第。嘗爲漢南從事。有詩一六二首，其中七律十首；詠史七絕一五〇首；另七絕二首，一爲「贈薛濤」七絕，此一七絕甚佳，一說爲王建詩，但據胡曾一百五十首「詠史詩」而論，似爲胡曾作品。但不論作者爲誰，此詩之爲佳作無疑：

萬里橋邊女校書，枇杷門下閉門居。掃眉才子知多少？管領春風總不如。

胡曾的一百五十首「詠史」七絕，佳作不少，均有歷史意義，稍錄數首如后：

烏江

爭帝圖王勢已傾，八千兵散楚歌聲。烏江不是無船渡，耻向東吳再起兵。

細腰宮

楚王辛苦戰無功，國破城荒霸業空。唯有青春花上露，至今猶泣細腰宮。

居延

漠漠平沙際碧天，問人云此是居延。停驂一顧猶魂斷，蘇武爭禁十九年。

金谷園

一自佳人墜玉樓，繁華東逐洛河流。唯餘金谷園中樹，殘日蟬聲送客愁。

漢宮

明妃遠嫁泣西風，玉筯雙垂出漢宮。何事將軍封萬戶，卻令紅粉爲和戎。

胡曾的七律亦佳，如：

都門寒食作

二年寒食住京華，寓目春風萬萬家。金絡馬銜原上草，王顏人折路傍花；
軒車競出紅塵合，冠蓋爭回白日斜。誰念都門兩行淚？故園寥落在長沙。

他這首詩將一位湖南士子作客都門的落寞心情和冠蓋滿京華的榮華富貴情景，表現無遺。

他的「交河塞下曲」寫塞外征人久戍兵疲的心理也好：

交河冰薄日遲遲，漢將思家感別離。塞北草生蘇武泣，隴西雲起李陵悲；
曉侵雉堞烏先覺，春入關山雁獨知。何處疲兵心最苦？夕陽樓上笛聲時。

胡曾無進士功名，職位亦低，而其作品卻在許多官高爵顯的進士之上。詩人不必進士，進士未必詩人，古今皆然。

## 羅　隱

羅隱，字昭諫，餘杭人，本名橫，十上不第，遂更名。累官錢塘令、鎮海軍掌書記、節度判官、鹽鐵發運副使、著作佐郎、奏受司勳郎，卒年七十七，有詩四八〇首，數殘句。詩如方干、羅鄴，思想境界不高，失之平庸，作品雖多達四百八十首，大多平平，無初唐、中唐諸大詩人作品韻味。詩之難不在韻律，而在作者氣質與思想境界之高低。高人出口不俗，下筆如有神助，反之則否。羅隱詩較可取者亦不足十之一。

魏城逢故人

一年兩度錦江遊，前值東風後值秋。芳草有情皆礙馬，好雲無處不遮樓；山將別恨和心斷，水帶恨聲入夢流。今日因君試回首，淡煙喬木隔錦州。

送梅處士歸寧國

十五年前即別君，別時天下未紛紛。亂離且喜身俱在，存歿那堪耳更聞？良會謾勞悲曩跡，舊交誰去弔荒墳？殷勤為謝逃名客，想望千秋嶺上雲。

寄喬逸人

南經湘浦北揚州，別後風帆幾度游。春酒誰家禁爛熳，野花何處最淹留？欲憑尺素邊鴻懶，未定雕梁海燕愁。長短此行須入手，更饒君占一年秋。

偶題（一題作嘲鍾陵妓雲英）

鍾陵醉別十餘春，重見雲英掌上身。我未成名君未嫁，可能俱是不如人？

遇邊使

累年無的信，每年望邊城。袖掩千行淚，書封一尺金。

上面幾首絕律，猶見性情，應是羅隱的最佳作品了。

## 翁　洮

翁洮，字子平，陸州人。光啓三年進士。官主客員外郎，歸隱青山，徵召不起。只有詩十三首，但風格頗高，第一首「枯木詩辭召命作」，即有不事王侯的高士風。與李義府的「詠烏」五絕後兩句「上林如許樹，不借一枝栖」同樣表現了讀書人的骨氣。唐朝士子，以詩干祿，高潔之士不多，如李義府、翁洮者自然可貴。

枯木傍溪崖，由來歲月賒。有根盤水石，無葉接煙霞；

二月苔爲色，三冬雪作花。不因星使至，誰識是靈槎？

這首詩以「枯木」爲由辭召，不亢不卑，每一句都自然落實，不事浮誇，最後兩句表現了視富貴如浮雲，不事王侯的情操與襟懷。這種思想境界，是唐朝那些念念在官的官僚詩人不可企及的。

## 高　蟾

高蟾，河朔人。乾符三年進士。乾寧間為御史中丞，有詩三十五首，五絕「感事」與七絕「下第後上永崇高侍郎」兩首均佳。

濁河從北下，清洛向東流。清濁尚如此，何人不白頭？

天上碧桃和露種，日邊紅杏倚雲栽。芙蓉生在秋江上，不向東風怨未開。

## 章　碣

章碣，孝標之子，乾符進士，後流落不知所終。有詩二十六首。詩雖不多，但首首可誦，尤以「曲江」、「城東即事」、「對月」、「下第有懷」、「長安春日」等七律及七絕「焚書坑」為佳。

焚書坑

竹帛煙銷帝業虛，關河空鎮祖龍居。坑灰未冷山東亂，劉項元來不讀書。

「焚書坑」詩不止章碣一人作，但以他這首最好。

下第有懷

故鄉朝夕有人還，欲作家書下筆難。滅燭何曾妨夜坐？傾壺不獨為春寒；

遷來鶯語雖堪聽，落了楊花也怕看。但使他年遇公道，月輪長在桂珊珊。

下第詩作者更多，但章碣這首很能表現唐朝士子落魄長安的心理。

章碣詩才清逸，了無俗氣。

## 秦韜玉

秦韜玉，字仲明，京兆人。中和二年，得准勅及第。僖宗幸蜀，以工部侍郎爲田令考神策判官。有詩三十六首。惟「貧女」一首較爲突出。

蓬門未識綺羅香，擬托良媒益自傷。誰愛風流高格調，共憐時勢儉梳妝；
敢將十指誇纖巧，不把雙眉鬥畫長。苦恨年年壓金線，爲他人作嫁人裳。

這首詩寫貧女心理十分貼切。「爲人作嫁」一語即出自秦韜玉這首詩。

## 唐彥謙

唐彥謙，字茂業，幷州人。咸通時，舉進士十餘年不第。乾符末，携家避地漢南。中和中，王重榮鎮河中，辟爲從事。後累官至副使，閬、壁、絳三州刺史。詩、書、畫、音樂，無不出於流輩，號鹿門先生。有詩一七二首，以七絕「春草」、「懷友」、「留別」、「春日偶成」，七律「金陵懷古」，五律「客中感懷」爲佳。

留別

丹湖湖上送行舟，白雁啼殘蘆葉秋。采石江頭舊時路，題詩還憶水邊樓。

客中感懷

客路三千里，西風兩鬢塵。貪名笑吳起，說國歎蘇秦；

託興非耽酒，思家豈爲蓴。可憐今夜月，獨照異鄉人。

金陵懷古

碧樹涼生宿雨收，荷花荷葉滿汀洲。登高有酒渾忘酒，慨古無言獨倚樓；

宮殿六朝遺古跡，衣冠千古漫荒丘。太平時節殊風景，山自青青水自流。

## 周　朴

周朴，字太朴，吳興人。避地福州，寄食烏石山僧寺。黃巢寇閩，欲降之，朴不從，遂見害。有詩四十五首。其七絕「塞上曲」、「塞下曲」兩首，頗能表現塞外風情。

塞上曲

一陣風來一陣砂，有人行處沒人家。黃河九曲冰先合，紫塞三春不見花。

塞下曲

石國胡兒向磧東，愛吹橫笛引秋風。夜來雲雨皆飛盡，月照平沙萬里空。

## 鄭　谷

鄭谷，字守愚，袁州人，光啓三年擢第。歷官右拾遺。有詩三二六首。好詩甚少，律詩佳作更少，即以其得名之鷓鴣詩而言，亦難望唐初、唐中諸大詩人項背，詩到唐末，氣勢已衰，人才寥落。鄭谷詩僅少數絕句可讀，姑引三首如下：

望湘亭
湘水似伊水，湘人非故人。登臨獨無語，風柳自搖春。
悶題
落第春相困，無心惜落花。荊山歸不得，歸去亦無家。
讀李白集
何事文星與酒星，一時鍾在李先生。高吟大醉三千首，留着人間伴月明。

## 崔　塗

崔塗，字禮山，江南人。光啓四年進士。有詩一〇一首，只有一絕一律較佳。
巫山旅別
五千里外三年客，十二峯前一望秋。無限別魂招不得，夕陽西下水東流。
春夕旅懷
水流花謝兩無情，送盡東風過楚城。蝴蝶夢中家萬里，子規枝上月三更；
故園書動經年絕，華髮春唯滿鏡生。自是不歸歸便得，五湖煙景有誰爭？

## 韓　偓

韓偓，字致光（一作堯），京兆萬年人。龍紀元年進士，佐河中幕府、召拜左拾遺、累遷諫議大夫，歷翰林學士、中書舍人、兵部侍郎。以不附朱全忠，貶濮州司馬，再貶榮懿尉，徙鄧州司馬。天佑二年，復原官，偓不赴召，南依王審知而卒。有詩三四二首。

韓偓詩大多平平，好詩甚少，唯情詩有獨到之處，格調雖不甚高，但頗生動，而絕句又多於律詩。

想得（一作再青春）

兩重門裏玉堂前，寒食花枝月午天。想得那人垂手立，嬌羞不肯上鞦韆。

中春憶贈

年年長是阻佳期，萬種恩情只自知。春色轉添惆悵事，似君花發兩三枝。

忍笑

宮樣衣裳淺畫眉，晚來梳洗更相宜。水精鸚鵡釵頭顫，舉袂佯羞忍笑時。

偶見背面是夕兼夢

酥凝背胛玉搓肩，輕薄紅綃覆白蓮。此夜分明來入夢，當時惆悵不成眠；眼波向我無端豔，心火因君特地然。莫道人生難際會，秦樓鸞鳳有神仙。

五更

往年曾約鬱金牀，半夜潛身入洞房。懷裏不知金鈿落，暗中唯覺繡鞋香；此時欲別魂俱斷，自後相逢眼更狂。光景暗添惆悵恨，一生贏得是淒涼。

其他「新秋」、「宮詞」、「寒食夜有寄」、「復偶見三絕」等七絕，均屬此類作品，也是韓偓的好詩。但韓偓這類作品，不似唐詩，失之赤裸、輕浮；更缺少李商隱「錦瑟」、「無題」詩的象徵、暗示、含蓄美、朦朧美。意境不高，此與個人的氣質涵養關係甚大，不可強求也。

## 王　駕

王駕，字大用，河中人。大順元年進士。仕至禮部員外郎，自號守素先生。有詩六首，其中五律一首，餘均爲七絕。

王駕的七絕均佳，其中「雨晴」（一作晴景）較爲人熟知。「社日」一作張演詩，「亂後曲江」一作羊士諤詩。

雨晴

雨前初見花間蕊，雨後兼無葉裏花。蛺蝶飛來過牆去，卻疑春色在鄰家。

過故友居

鄰笛寒吹日落初，舊居今已別人居。亂來兒侄皆分散，惆悵僧房認得書。

## 杜荀鶴

杜荀鶴，字彥之，池州人。有詩名，自號九華山人。大順二年第一人擢第。復還舊山。宣州田頵遣至汴通好。朱全忠厚遇之，表授翰林學士，主客員外郎、知制誥。恃勢侮易縉紳，衆怒，欲殺之而未及。天佑初卒。有詩三二五首，兩殘句。

晚唐詩人無論氣勢、涵養均不及初唐盛唐詩人，詩風亦不及前人渾厚。杜荀鶴爲唐末詩人中之佼佼者，他最好的詩是「山中寡婦」（一作時世行）七律，我曾在第四屆中韓作家會議論文「古典與現代」中引用這首詩，並在課室中多次講解。杜荀鶴這首詩最能表現唐末亂世民間疾苦，與老杜寫戰亂的詩可以媲美。且看他怎樣寫黃巢之亂時老百姓的痛苦：

夫因兵亂守蓬茅，麻苧衣衫鬢髮焦。桑柘廢來猶納稅，田園荒後尚徵苗；

時挑野菜和根煮，旋斫生柴帶葉燒。任是深山更深處，也應無計避征徭！

杜荀鶴作了唐末老百姓的代言人。他以「山中寡婦」深刻地表現了那個痛苦的時代，這五十六個字的詩可以抵得一部好的長篇小說。我們現在還沒有一首這麼短的新詩能把我們這個更痛苦的時代刻畫出來，所謂敍事長詩也沒有辦到，因爲新詩的語言、文字、結構沒有這麼精鍊，任何人都不容易辦到。這也是我重視古典詩的原因。不然我不會花這麼多時間來研讀全唐詩。

杜荀鶴之所以受梁王朱全忠的厚遇，是由於一首「梁王坐上賦無雲雨」七絕：

同是乾坤事不同，雨絲飛灑日輪中。若敎陰朗長相似，爭表梁王造化功？

朱全忠這時還沒有弒唐昭宗及哀帝篡位，這時朱全忠可能已包藏禍心，看到杜荀鶴這首阿諛他的詩，以爲他眞是具有造化之功的「眞命天子」？所以後來篡位，改國號爲梁，史稱後梁。文人不可媚世諂上，此其一例。郭沫若的「史太林，親愛的鋼……」更品斯下矣！

杜荀鶴的好詩不少，如「送友遊吳越」、「送人遊江南」、「春日閒居即事」、「秋宿臨江驛」、「秋日湖外書事」、「亂後逢村叟」、「下第東歸道中作」、「送僧赴黃山湯泉兼參禪宗長老」、「亂後書事寄同志」、「下第投所知」、「別四明鍾尙書」、「旅寓」、「維揚冬末寄幕二從事」、「自江西歸九華」、「感寓」、「釣叟」、「再經胡城縣」、「哭陳陶」、「蠶婦」、「秋江雨夜逢詩友」、「感春」、「秋夕病中」、「小松」，都是好詩。他五言、七言絕、律都有佳作，略舉數首如后：

蠶婦

粉色全無飢色加，豈知人世有榮華？年年道我蠶辛苦，底事渾身着苧麻？

再經胡城縣

去歲曾經此縣城，縣民無口不冤聲。今來縣宰加朱紱，便是生靈血染成！

送蜀客遊維揚

見說西川景物繁，維揚景物勝西川。青春花柳樹臨水，白日綺羅人上船；夾岸畫樓難惜醉，數橋明水不敎眠。送君懶問君回日，才子風流正少年。

亂後逢村叟

經亂衰翁居破村，村中何事不傷魂？因供寨木無桑柘，爲點鄉兵絕子孫；還似平寧徵賦稅，未嘗州縣略安存。至於鷄犬皆星散，日落前山獨倚門。

下第東歸道中作

一廻落第一寧親，多是途中過卻春。心火不銷雙鬢雪，眼泉難濯滿衣塵；苦吟風月唯添病，遍識公卿未免貧。馬壯金多有官者，榮歸卻笑讀書人。

從以上這幾首詩中，就可以看出唐朝士子以詩求仕的辛酸和唐末亂世的民間疾苦。杜荀鶴的生活經驗豐富，他不是一位無病呻吟的詩人。也可以說他是唐末士子詩人的廻光返照。

## 韋莊

韋莊，字端己，杜陵人，疏曠不拘小節，乾寧元年進士。授校書郎、轉補闕。李詢爲兩川宣諭和協使，辟爲判官。以中原多故，潛欲依王建，建辟爲掌書記，尋召爲起居舍人，建表留之。後相建爲平章事。有詩三一六首，三殘句。

王建是五代時前蜀開國主，少以屠牛盜驢販私鹽爲事，後從軍，遷隊將，唐僖宗時黃巢陷長安，建奔蜀，以功累擢西川節度使，昭宗時攻陷成都，帝封爲蜀王。唐亡，建自立爲蜀帝。

韋莊和杜荀鶴都處身於唐末亂世。杜荀鶴依梁王朱全忠、韋莊依蜀王王建，兩人時代背景完全相同，飽經戰亂，生活經驗豐富。但兩人作品風格不同，杜荀鶴詩近杜甫，韋莊詩近杜牧。杜荀鶴和韋莊同是唐末兩位傑出的詩人。作品數量亦相捋。

韋莊「疏曠不拘小節」，詩才甚高，佳作亦多，如「送日本國僧敬龍歸」、「對酒」、「古別離」、「關河道中」、「題盤驛水舘後軒」、「登咸陽縣樓望雨」、「立春日作」、「重圍中逢蕭校書」、「夜景」、「憶昔」、「洛陽吟」、「臺城」、「過揚州」、「遣興」、「江上逢故人」、「送人歸上國」、「聞春鳥」、「櫻桃樹」、「獨鶴」、「江邊吟」、「江南送李明府入關」、「春雲」、「謁巫山廟」、「章江作」、「衢州江上別李秀才」、「湖中作」、「桐廬縣作」、「婺州水舘重陽日作」、「撫州江口雨中作」、「投寄舊知」、「庭前桃」、「過樊川舊居」、「長安舊里」、「長干塘別徐茂才」、「白牡丹」、「關中道中作」、「題酒家」、「贈姬人」、「悼亡姬」、「獨吟」、「悔恨」、「虎跡」、「咸陽懷古」、「和同年韋學士華下途中見寄」、「春愁」、「傷灼灼」、「江上別李秀才」……等是。

韋莊由於飽經戰亂，寫戰亂的詩不少，雖然沒有杜荀鶴「山中寡婦」那種作品，但在他的許多作品中，唐末時代背景如在目前，可作歷史見證。如：

贈姬人

莫恨紅裙破，休嫌白屋低。請看京與洛，誰在舊香閨？

關中道中作

處處兵戈路不通，卻從山北去江東。黃昏欲到壺關寨，匹馬寒嘶野草中。

湘中作

千重煙樹萬重波，因便何妨弔汨羅。楚地不知秦地亂，南人空怪北人多；
臣心未肯教遷鼎，天道還應欲止戈。否去泰來應可待，夜寒休唱飯牛歌。

洛陽吟（時大駕在蜀，巢寇未平，洛陽寓居作七言）

萬戶千門夕照邊，開元時節舊風煙。宮官試馬遊三市，舞女乘舟上九天；
胡騎北來空進主，漢皇西去竟昇仙。如今父老偏垂淚，不見承平四十年。

重圍中逢蕭校書

相逢俱此地，此地是何鄉？側目不成語，撫心空自傷；
劍高無度鳥，樹暗有兵藏。底事征西將，年年戍洛陽？

以上這幾首詩，都與戰亂有關，後面一首五律更是草木皆兵。

韋莊的詩不論五言七言絕律均所擅長，對仗尤其工穩，其他的好詩更多，略引數首：

立春日作

九重天子去蒙塵，御柳無情依舊春。今日不關妃妾事，始知辜負馬嵬人！

這首詩是借古諷今，也替楊貴妃出了一口氣。唐詩人寫馬嵬坡的詩很多，很少不怪罪楊貴妃的，韋莊這首詩才是持平之論。物必自腐而後蟲生，乾綱不振，男子無能，怎能卸罪女人？

憶昔

昔年曾向五陵遊，子夜清歌月滿樓。銀燭樹前長似晝，露桃花裏不知秋；
西園公子名無忌，南國佳人號莫愁。今日亂離俱是夢，夕陽唯見水東流。

臺城

江雨霏霏江草齊，六朝如夢鳥空啼。無情最是臺城柳，依舊煙籠十里堤。

過揚州

當年人未識兵戈，處處青樓夜夜歌。花發洞中春日永，月明衣上好風多；
淮王去後無鷄犬，煬帝歸來葬綺羅。二十四橋空寂寂，綠柳摧折舊官河。

韋莊雖生於末世，然才情煥發，他可以直追小杜，亦爲唐末五代之初詩壇放一異彩。

## 王貞白

王貞白，字有道，永豐人。乾寧二年進士，後七年始授校書郎。有詩六十一首，四殘句。

王貞白詩七言甚少，多爲五律，以「妾薄命」、「洛陽道」兩首較佳，「妾薄命」表現了唐朝末世的歌舞徵逐，風氣敗壞，唐朝的覆滅之因，可以從這首詩看出來，是歷史的殷鑒。末代王朝，無不奢靡，無不道德淪喪。「洛陽道」是唐朝覆亡的另一面鏡子，讀書人只求個人高官厚爵，爭權奪利，不問民間疾苦。這是亡國的兩條歷史軌跡。古今中外，莫不皆然。

妾薄命

薄命頭欲白，頻年嫁不成。秦娥未十五，昨夜事公卿；
豈有機杼力，空傳歌舞名。妾專修婦德，媒氏卻相輕。

洛陽道

喧喧洛陽道，奔走爭先步。唯恐着鞭遲，誰能更廻顧？
覆車雖在前，潤屋何曾懼？賢哉只二疏，東門掛冠去。

唐末社會風氣如此，怎不敗亡！

## 李九齡

韋莊以後，難以爲繼。王貞白兩詩，就表現唐末社會風氣而言，有其意義，惟就詩論詩，難稱傑作。唐求放曠疏逸，辭召不就，爲詩撚稿爲團，納之大瓢，投瓢於江，風骨自屬不凡，其「曉發」、「題鄭處士隱居」、「塗次偶作」、「贈道者」等五律及「題李少尉別業」七律，雖均清新可誦，但少特殊引人之處。

李九齡，洛陽人，唐末進士，入宋登乾德二年進士，有詩二十三首，全爲七絕，其中兩首較佳。

山舍偶題

門掩松蘿一逕深，偶携藜杖出前林。誰知盡日看山坐，萬古興亡總在心。

山中寄友人

亂雲堆裏結茅廬，已共紅塵跡漸疏。莫問野人生計事，窗前流水枕前書。

第一首身在山林，心在國家，十分自然，毫無矯揉做作；第二首「窗前流水枕前書」是眞正淡雅，了無俗氣。其可貴在此。

## 胡　宿

胡宿，唐末人，或云宋人。有詩十九首，均爲七律。其中以「天街曉望」、「感舊」、「城南」、「殘花」四首爲佳。錄其二首。

天街曉望

長樂才聞一叩鐘，百官初謁未央宮。金波穆穆沙堤月，玉樹琤琤上苑風；香重椒蘭橫結霧，氣寒龍虎遠浮空。嗟余索米無人問，行避霜臺御史驄。

感舊

千里青雲未致身，馬蹄空踏幾年塵。曾迷玉洞花光老，欲過金城柳眼新；粉壁已沈題鳳字，酒壚猶記姓黃人。塢中横笛偏多感，一涕闌干白角巾。

## 杜常

杜常，唐末人，只有「華清宮」七絕一首，這首詩卻很好。

行盡江南數十程，曉星殘月入華清。朝元閣上西風急，都入長楊作雨聲。

## 王喦

王喦，蜀人，曾避地荊南，有詩六首，均爲七絕。其中「題嚴君觀」、「回舊山」兩首甚佳。

題嚴君觀

寒雲古木罩星臺，凡骨仙蹤信可哀。二十年前曾到此，一千年內未歸來。

回舊山

庾家樓上謝家池，處處風煙少舊知。明日落花誰共醉？野溪猿鳥恨歸遲。

全唐詩七三一卷以前，爲帝王、后妃（含五代帝王如南唐李氏父子等）、本土士子詩人作品；自七三二卷起，則爲宦官內侍、四夷、婦女、隱士、僧、道、倡、優、神仙、鬼怪、五代及世次爵里姓名不詳詩人作品。

## 布燮

布燮，長和國使人。南詔鄭氏篡蒙氏，改國號曰大長和，布燮，官名，其宰相也。有詩二首。第二首

「思鄉作」五律甚佳。

瀘北行人絕，雲南信未還。庭前花不掃，門外柳誰攀？
坐久銷銀燭，愁多減玉顏。懸心秋夜月，萬里照關山。

## 朝　衡

朝衡，字巨卿，日本人。開元初，日本王聖武遣其臣粟田副仲滿來朝，請從諸儒授經，仲滿慕華，不肯去，易姓名曰朝衡。歷左補闕，久之歸國。擢散常侍。有詩一首，題為「銜命還國作」。

銜命將辭國，非才忝侍臣。天中戀明主，海外憶慈親；
伏奏違金闕，騑驂去玉津；蓬萊鄉路遠，若木故園情；
西望懷恩日，東歸感義辰。平生一寶劍，留贈結交人。

這是唐朝日本人的第一首唐詩。這首詩對唐時日人在中國情形敍述甚詳。日本的中國化，可以從這首詩中清楚地看出來。日本京都完全是按照洛陽倣建的。中國文化影響日本遠在漢魏時期即已開始，至唐朝日本已經中國化，到明治維新，日本才轉學西洋，與中國為仇，而侵略中國。但中國文化精神的許多優點在日本仍根深柢固。日本保存中國文化精神之優點甚或較中國為多，二次大戰後日人之迅速復興，與中國文化精神中之優點不無關係。而中國經過元、清兩代亡國之痛，異族血統文化之衝擊，唐朝的中國文化精神自然喪失不少，日用服飾器具更非唐時面目，而日人尚保存不少。史跡斑斑，不難考證。朝衡詩即其一端。

## 王巨仁

王巨仁，新羅國隱士。朝鮮史略云：新羅女主曼與魏弘通，弘死，復引年少美丈夫私之，授以要職。由是佞倖肆志，紀綱廢弛。時有人譏謗時政，榜於路，主疑隱者王巨仁所爲，命下獄，將誅之。巨仁憤怨作詩，書獄壁。是夕忽震雷雨雹，主懼，釋之。此唐僖宗文德初年事也。

憤怨詩

于公慟哭三年旱，鄒衍含愁五月霜。今我憂愁還似古，皇天無語但蒼蒼。

這首詩不但是中文，引用的也是中國典故。朝鮮受中國的影響，比日本更早，二次大戰後韓國復國亦與中國有關。李承晚總統的漢詩很好，許多中國人都寫不出來。而今天的韓國人卻硬想一刀割斷與中國的歷史文化關係，不僅漢城街頭看不見中文，更不承認中韓爲兄弟之邦，且有自大之勢。民國七十一年壬戌（一九八二）九月，我赴漢城出席第二屆中韓作家會議，發覺韓國作家論文及發言時，多有此種心態，即席指出中韓歷史文化關係悠久密切，即以韓國國旗採用易經八卦中的乾坤坎離四卦和太極圖爲例，韓方主席金東里立即巧辯謂另有所本。同仁不察，亦支吾其辭，我不禁喑嘆。全世界只有中國有易經八卦，此爲鐵的事實。歷史文化是既成事實，無法改寫。日本人卻不否認他們與中國的歷史文化淵源，雖企圖篡改掩飾侵略中國史實南京大屠殺事件，但東京、大阪、京都……各大都市及報章書籍中仍多中文，並不像韓國一樣完全排斥漢字。但不論韓國人如何排斥漢字，韓國人的姓名還是和中國人一樣，如李承晚、金日成、趙炳華……他們還是無法用韓文代替。其實，一個國家在文化上截長補短並非壞事，尤其是長久受益於外國文化而欲一旦否定過去的歷史文物，是怎樣也抹煞不掉的。中國一時的不幸，也未必不能再現漢唐盛世，何必如此短視？但我們自己應該深切反省，如果我們自己不認識自己的歷史文化，怎能再怪他人？讀王巨仁的詩又使我重興感慨。

## 成輔端

成輔端，貞元中優人。德宗以其誹謗國政，決殺之。唐書：京兆尹司農卿李實，務聚斂進奉，不恤災歉，人窮無告，乃徹屋瓦木，賣麥田，以供賦斂。輔端因戲作語，爲秦民艱苦之狀，如此者數十篇。實怒之，言於帝，故殺之。其「戲語」一首如后：

秦地城池二百年，何期如此賤田園？一頃麥苗碩五米，三間堂屋二千錢！

這首詩出自優人，眞能代表黎民心聲。與杜荀鶴的「山中寡婦」詩，同樣具有歷史價值。

## 張隱

張隱，龍紀初伶人。摭言云：宰相張濬，嘗與朝士萬壽寺閱牡丹，抵暮飲不息。伶人皆御前供奉第一部，恃寵肆狂，無所畏懼。中有張隱者，忽躍出，揚聲引詞云云，唱訖遂去。闔席愕然，相顧失色而散。詩題爲「萬壽寺歌詞」：

位乖爕理致傷殘，四面牆匡不忍看。正是花時堪下淚，相公何必更追歡？

## 陳　璠

陳璠，沛中走卒，與徐帥時溥結好，表爲宿州太守。後以貪汚斬之。臨刑賦詩一首。璠不知書，時以鬼代作。詩云：

積玉堆金官又崇，禍來倏忽變成空。五年榮貴今何在？不異南柯一夢中。

## 捧劍僕

捧劍，咸陽郭氏之僕，雖在奴隸，嘗以望水眺雲爲事。遭鞭箠，終不改，後竄去。有詩三首，其「題牡丹」一首一如才人吐屬，殆亦夫子自道也。

一種芳菲出後庭，卻輸桃李得佳名。誰能爲向天人說，從此移根近太清。

## 黄　巢

黄巢，冤句人。舉進士不第，廣明作亂，破京都，後滅於泰山虎狼谷。陶穀五代亂雜記云：巢敗後爲僧，依張義全於洛陽，曾繪像題詩，人見像，識其爲巢；又貴耳集云：巢五歲時，侍其翁與父爲菊花詩。翁未就，巢信口曰：「堪與百花爲總首，自然天賜赭黄衣」，巢有詩三首，均佳。不能以人廢詩。

題菊花

颯颯西風滿院栽，蕊寒香冷蝶難來。他年我若爲青帝，報與桃花一處開。

不第後賦菊

待到秋來九月八，我花開後百花殺。衝天香陣透長安，滿城盡帶黃金甲。

自題像

記得當年草上飛，鐵衣著盡著僧衣。天津橋上無人識，獨倚欄干看落暉。

詩言志，言爲心聲，黃巢的菊花詩句，充分顯示其野心，「不第後賦菊」更充滿殺機。此種個人英雄主義，使中國屢遭浩刼，生靈塗炭。但願個人英雄主義、帝王思想，在民權主義之下，永遠絕滅。

## 馮　道

馮道，字可道，景城人。初爲劉守光參軍，後歷唐、晉、漢、周，事四姓十君。自號長樂老。卒謚文懿，追封瀛王。存詩五首。其「天道」一詩可見其人生觀與宇宙觀。

窮達皆由命，何勞發歎聲。但知行好事，莫要問前程；

冬去冰須泮，春來草自生。請君觀此理，天道甚分明。

馮道的觀點，符合易經、道德經的宇宙自然法則，得其要領。其「放魚書所鑰戶」七絕一首，亦見仁心。

## 李　昉

李昉，南唐時人。有「寄孟賓丁」詩一首。

初攜書劍別湘潭，金榜標名第十三。昔日聲名喧洛下，近來詩價滿江南；
長爲邑令情終屈，縱處曹郎志未甘。莫學馮唐便休去，明君晚事未爲慚。

以詩推斷，或爲湘人？並可見其自負之心。

## 李建勳

李建勳，字致堯，隴西人。少好學，能屬文，尤工詩。南唐主李昪鎮金陵，用爲副使，預禪代之策，拜中書侍郎平章事。昇元五年，放還私第。嗣主璟召拜司空，尋以司徒致仕，賜號鍾山公。有詩九十五首，三殘句。

尊前

官爲將相復何求？世路多端早合休。漸老更知春可惜，正歡惟怕客難留；
雨催草色還依舊，晴放花枝還自由。莫厭百壺相勸倒，免敎無事結閒愁。

以詩而論，李建勳倒是一位能入能出的人，人生境界非泛泛士子可比，其詩脫俗而有雅趣。

## 江爲

江爲，宋州人，避亂家建陽，遊廬山，師陳貺爲詩，存詩八首。五代史補：爲在福州，有故人欲投江南，爲與草表，事發，並誅，臨刑詞色不撓，賦詩一首：

街鼓侵人急，西傾日欲斜。黃泉無旅店，今夜宿誰家？

後兩句多爲人傳誦，另兩首七絕亦佳。

塞下曲

萬里黃雲凍不飛，磧煙烽火夜深微。胡兒移帳塞笳絕，雲路時聞探馬歸。

隋堤柳

錦纜龍舟萬里來，醉鄉繁盛忽塵埃。空餘西岸千株柳，雨葉風花作恨媒。

## 張　泌（一作佖）

張泌，字子澄，淮南人。仕南唐爲句容縣尉，累官至內史舍人。有詩二十首，十之八九爲七言絕律，難得的是首首均佳，尤以七律對仗工穩，詩意盎然，與初唐、盛唐諸大詩人相比，亦不遜色。略舉數首如后：

惜花

蝶散鶯啼尙數枝，日斜風定更離披。看多記得傷心事，金谷樓前委地時。

寄人

別夢依依到謝家，小廊廻合曲闌斜。多情只有春庭月，猶爲離人照落花。

酷憐風月爲多情，還到春時別恨生。倚柱尋思倍惆悵，一場春夢不分明。

長安道中早行

客離孤館一燈殘，牢落星河欲曙天。鷄唱未沉函谷月，雁聲新度灞陵煙；
浮生已悟莊周蝶，壯志仍輸祖逖鞭。何事悠悠策羸馬？此中辛苦過流年。

春日旅泊桂州

暖風芳草竟芊綿，多病多愁負少年。弱柳未勝寒食雨，好花爭奈夕陽天；
溪邊物色堪圖畫，林畔鶯聲似管弦。獨有離人開淚眼，強憑杯酒亦潸然。

惆悵吟

秋風丹葉動荒城，慘澹雲遮日半明。晝夢卻因惆悵得，晚愁多爲別離生；
江淹彩筆空留恨，莊叟玄談未及情。千古怨魂銷不得，一江寒浪若爲平。

春夕言懷

風透疏簾月滿庭，倚欄無事倍傷情。煙垂柳帶纖腰軟，露滴花房怨臉明；
愁逐野雲銷不盡，情隨春浪去難平。幽窗謾結相思夢，欲化西園蝶未成。

## 沈彬

沈彬，高安人。唐末應進士，不第。浪跡湖湘。嘗與僧虛中、齊己爲友。事吳爲祕書郎，以吏部郎中致仕。年八十餘，有詩十九首，全爲七言絕律，其中四首七絕最佳。

陽朔碧蓮峯

陶潛彭澤五株柳，潘岳河陽一縣花。兩處爭如陽朔好？碧蓮峯裏住人家。

桂林山水甲天下，陽朔山水甲桂林。沈彬這首詩，早已確定陽朔身價。

再過金陵

玉樹歌終王氣收，雁行高送石城秋。江山不管興亡事，一任斜陽伴客愁。

都門送別

岸柳蕭疏野荻秋，都門行客莫回頭。一條灞水清如劍，不爲離人割斷愁。

弔邊人

殺聲沈後野風悲，漢月高時望不歸。白骨已枯沙上草，家人猶自寄寒衣。

這四首詩無論寫景、懷古，都別開蹊徑，不落前人窠臼。而懷古感時詩三首，更發人深省。

## 伍　喬

伍喬，廬江人。南唐時舉進士第一，仕至考功員外郎，有七律二十一首。頗有盛唐詩風，對仗亦多工穩。如「九江旅夜寄山中故人」之「江城雪盡寒猶在，客舍燈孤夜正深」，「寄史處士」之「石樓待月橫琴久，漁浦經風下釣遲」是。錄其七律二首如后：

冬日道中

去去天涯無定期，瘦童羸馬共依依。暮煙江口客來絕，寒葉嶺頭人住稀；帶雪野風吹旅思，入雲山火照行衣。釣臺吟閣滄洲在，應爲初心未得歸。

寄落星史虛白處士

白雲烽下古溪頭，曾與提壺爛熳遊。登閣共看彭蠡水，圍爐相憶杜陵秋；
棋玄不厭通高品，句妙多容隔歲酬。別後相思時一望，暮山空碧水空流。

## 陳　陶

陳陶，字嵩伯，嶺南（一云鄱陽，一云劍浦）人。大中時遊學長安。南唐昇元中，隱洪州西山，後不知所終。有詩一七五首，七殘句。

唐末五代詩人少有長詩，陳陶雖無白居易等大詩人長才，動輒百韻，但比之同代詩人，長詩卻較多，但篇幅不長。又其律詩不如絕句，錄其絕句二首。

答蓮花妓

近來詩思清於水，老去風情薄似雲。已向昇天得門戶，錦衾深愧卓文君。

隴西行

誓掃匈奴不顧身，五千貂錦喪胡塵。可憐無定河邊骨，猶是春閨夢裏人。

隴西行共有四首，這是其中第二首。也是他最有名的一首，後面兩句流傳最廣。唐朝詩人大多厭戰，富有人道精神，陳陶亦然。

## 李　中

李中，字有忠，隴西人。仕南唐為淦陽宰。有詩三〇八首。幾全為五、七言絕律。其中「春日作」、

「寒江暮泊寄左偃」、「訪洞神宮邵道者不遇」、「贈別」、「子規」、「書王秀才壁」、「春日書懷」、「柳二首」、「落花」、「所思」、「海城秋夕寄懷舍弟」等詩較佳。

所思

離思春來切，誰能慰寂寥？花飛寒食盡，雲重楚山遙；
耿耿夢徒往，悠悠鬢易凋。那堪對明月，獨立水邊橋。

柳

春來無樹不青青，似共東風別有情。閒憶舊居湓水畔，數枝煙雨屬啼鶯。

子規

暮春滴血一聲聲，花落年年不忍聽。帶月莫啼江畔樹，酒醒遊子在離亭。

海城秋夕寄懷舍弟

鳥棲庭樹夜悠悠，枕上誰知淚暗流？千里夢魂迷舊業，一城砧杵搗殘秋；
窗間寂寂燈猶在，簾外瀟瀟雨未休。早晚萊衣同著去，免悲流落在邊州。

## 張令問

張令問，唐興人。隱居不仕，號天國山人。有「與杜光庭」七絕一首，深得人生旨趣，屬道家出世派思想。

試問朝中爲宰相，何如林下作神仙？一壺美酒一爐藥，飽聽松風白晝眠。

但名利當前，趨之若鶩，有此人生境界者太少太少。

## 詹敦仁

詹敦仁，字君澤，固始人，初隱仙遊，後爲清溪令。有詩六首，其中七絕二首不同流俗，與張令問詩思想脈絡相同。這兩首詩是典型的自耕自食，不事王侯的隱士詩。

留侯受南唐節度使知郡事辟予爲屬以詩謝之

晉江江畔趁春風，耕破雲山幾萬重。兩足一犂無外事，使君何啻五侯封。

遣子訪劉乙

掃石耕山舊子眞，布衣草履自隨身。石崖壁立題詩處，知是當年鳳閣人。

## 丁元和

丁元和，後蜀時人。有「詩」一首，此一七絕與張令問、詹敦仁詩如出一轍。三人同時不同地，而思想淵源則一，林下高風，行藏有致，「祿蠹」不足以語此。

九重天子人中貴，五等諸侯閫外尊。爭似布衣雲水客？不將名字掛乾坤。

## 張　立（一作玄）

張立，新津人，李昊嘗荐孟昶，不赴，自號阜江漁翁。有「詠都城上芙蓉花」詩二首，第二首更佳：

去年今日到城都，城上芙蓉錦繡舒。今日重來舊遊處，此花顛頹不如初。

而其兩殘句更多感慨，或即當時蜀人心聲，張立代言也：

朝廷不用憂巴蜀，稱覇何曾是蜀人？

## 翁　宏

翁宏，字大舉，桂州人。有詩三首，其中「春殘」五律之第一聯「落花人獨立，微雨燕雙飛」是寫「春殘」絕妙好句。此種經驗大多數人都有，只有翁宏寫得出來，亦可稱爲千古絕唱。詩本天成，妙手偶得之，誰能捕捉那一霎那景像又能以彩筆勾出，即是大詩人。全詩如下：

又是春殘也，如何出翠幃？落花人獨立，微雨燕雙飛；

寓目魂將斷，經年夢亦非。那堪問愁夕，蕭颯暮蟬輝。

## 金昌緒

金昌緒，餘杭人，有「春怨」（一作伊州歌）一首，流傳最廣，其詩如下：

打起黃鶯兒，莫敎枝上啼。啼時驚妾夢，不得到遼西。

這首二十個字的五絕，沒有一個字提到戰爭和征人，但它藉一個女人對征人的思念夢想之深，自然點出戰爭，這是很高的寫作技巧，匠心獨運，旁敲側擊，比直接寫殘酷的戰爭的效果更好。「啼時驚妾夢，不得到遼西」比「可憐無定河邊骨，猶是春閨夢裏人」更上一層樓。

## 朱　絳

朱絳，里籍不詳，僅有「春女怨」七絕一首，甚佳。

獨坐紗窗刺繡遲，紫荊花下囀黃鸝。欲知無限傷春意，盡在停針不語時。

這首詩寫春天少女的心態，十分細膩。最後一句之形象心理描寫已入化境。

## 潘　圖

潘圖，里籍不詳。有「末秋到家」詩一首，寫盡人情冷暖，世態炎涼。僅僅二十個字，以黃犬搖尾，反襯家人無情，不但節省許多筆墨，亦含蓄而不傷忠厚。全詩如下：

歸來無所利，骨肉亦不喜。黃犬卻有情，當門臥搖尾。

## 宋　雍（一作邕）

宋雍，里籍不詳。有「春日」七絕一首，甚佳。後兩句尤妙。

輕花細葉滿林端，昨夜春風曉色寒。黃鳥不堪愁裏聽，綠楊宜向雨中看。

## 周　濆

周濆，里籍不詳，有七絕四首。「廢宅」發人深省；「逢鄰女」可見唐末五代社會背景，婦女開放情形：

　　日高鄰女笑相逢，慢束羅裙半露胸。莫向秋池照綠水，參差羞殺白芙蓉。

鄰女酥胸勝似白芙蓉，可見當時社會風氣之開放，較之今日亦不多讓。

## 繆氏子

開元時，繆氏有子七歲，聰慧能文，以神童召試，賦「新月詩」如下：

　　初月如弓未上弦，分明挂在碧霄邊。時人莫道蛾眉小，三五團圓照滿天。

小時了了，大未必佳。此子以後姓名不彰，如非早夭，即江郎才盡，不然生在盛世，不當埋沒。

## 西鄙人

天寶中，哥舒翰爲安西節度使，控地數千里，甚著威令。西鄙人作「哥舒歌」如下：

　　北斗七星高，哥舒夜帶刀。至今窺牧馬，不敢過臨洮。

## 太上隱者

古今詩話云：太上隱者，人莫知其本末。好事者從問其姓名，不答。留「答人」詩一首如下：

　　偶來松樹下，高枕石頭眠。山中無曆日，寒盡不知年。

僧不言姓，道不言壽，觀其詩，此「太上隱者」絕非等閒也。

## 無名氏

全唐詩無作者姓名的共一一九首，統稱無名氏。觀其內容風格，顯非一人所作。好詩不多，僅得數首如后：

雜詩之一

勸君莫惜金縷衣，勸君須惜少年時。有花堪折直須折，莫待無花空折枝。

這首詩流傳很廣，販夫走卒亦多能唱。

雜詩之十三

近寒食雨草萋萋，著麥苗風柳映堤。早是有家歸未得，杜鵑休向耳邊啼。

題長樂驛壁

摭言云：大中十年，鄭顥典文，放榜後，謁假覲省於洛，生徒餞長樂驛。俄有詩紀於壁。觀其後兩句，意在諷刺考試不公，偷渡有人也。

三十驊騮一烘塵，來時不鎖杏園春。楊花滿地如飛雪，應有偷游曲水人！

絕句

傳聞天子訪沈淪，萬里懷書西入秦。早知不用無媒客，恨別江南楊柳春！

前一首是諷刺考試不公，這首絕句則是諷刺用人全憑關係。兩詩作者顯係斲輪老手。「絕句」作者可能是江南士子信朝廷用人唯才，入京求官，結果大失所望，憤而寫此絕句。此兩詩作者爲全性命，自然不敢留名。

## 宮　女

唐朝後宮佳麗，自多怨女，因此紅葉題詩，傳爲佳話，其實是女性的悲劇。幸而能題詩而又爲人所得，並經帝王恩賜成其好事者諒百不得一。開元、天寶、德宗、宣宗、僖宗宮人，均有此「韻事」，詩好，結局亦不差。

開元中，賜邊軍纊衣，製自宮人。有士兵於袍中得詩，白於帥，帥上之朝，明皇以詩遍示六宮，一宮人自稱万死。明皇憫之，以妻得詩者。曰：「朕與爾結今生緣也。」詩如下：

袍中詩

沙場征戍客，寒苦若爲眠。戰袍經手作，知落阿誰邊？
蓄意多添線，含情更著綿。今生已過也，結取後生緣。

題洛苑梧上

天寶末，洛苑宮娥題詩梧葉，隨御溝流出。顧況見之，亦題詩葉上，汎於液中。後十餘日，於葉上又得詩一首。後聞於朝，遂得遣出。

舊寵悲秋扇，新恩寄早春。聊題一片葉，將寄接流人。

又題

一葉題詩出禁城，誰人酬和獨含情？自嗟不及波中葉，蕩漾乘春取次行。

貞元中，進士賈全虛於御溝得一花葉，上有詩句，悲想其人，裴回溝上，爲街吏所獲。金吾奏其事，德宗詢之，知爲奉恩院王才人養女鳳兒所作，因召全虛，授金吾衞兵曹，遂以妻之。詩如下：

題花葉詩

一入深宮裏，無由得見春。題詩花葉上，寄與接流人。

盧偓應舉時，偶臨御溝，得一紅葉，上有絕句，置於巾箱，乃宣宗宮人韓氏所作。及出宮人，偓得韓氏，覩紅葉，吁嗟久之。曰：當時偶題，不謂郎君得之。詩如下：

題紅葉

流水何太急，深宮盡日閒。殷勤謝紅葉，好去到人間。

從以上幾首宮女詩看來，可見禁宮中怨女心理。中國帝制之不人道，一爲宮女不見天日，二爲太監斷子絕孫，三爲個人權利高於國家全民，人類歷史悲劇於焉產生，繞着權力圈子走回頭路，悲劇繼續循環。有唐一代，在中國歷史上號稱盛世，亦不過三百年。其間還有安祿山、黃巢大亂，生靈塗炭，民不聊生。我們從杜甫、白居易、杜荀鶴……等人作品中，可見民間疾苦，宮女詩則是禁宮中女性的悲劇，知者不多。

花蕊夫人徐氏（一作費氏）

徐氏，青城人，得幸蜀主孟昶，賜號花蕊夫人，有七言絕句宮詞一五七首，七言「述亡國詩」絕句一首。

唐人宮詞出自不同詩人手筆，其數不多。花蕊夫人因身在宮中，又富詩才，一人就寫了一五七首，首首有關宮廷生活，是文學作品，也是很好的宮廷史料。略選其有代表性的佳作如后：

太虛高閣凌虛殿，背倚城牆面枕池。諸院各分娘子位，羊車到處不敎知。

六宮官職總新除，宮女安排入畫圖。二十四司分六局，御前頻見錯相呼。

春風一面曉妝成，偷折花枝傍水行。卻被內監遙覷見，故將紅豆打黃鶯。

殿前宮女總纖腰，初學乘騎怯又嬌。上得馬來纔欲走，幾回抛鞚抱鞍橋。

慢揎紅袖指纖纖，學釣池魚傍水邊。忍冷不禁還自去，釣竿常被別人牽。

宣城院約池南岸，粉壁紅窗畫不成。總是一人行幸處，徹宵聞奏管弦聲。

亭高百尺立春風，引得君王到此中。牀上翠屏開六扇，折枝花綻牡丹紅。

花蕊夫人流傳千古的作品還是這首「述亡國詩」：

君王城上豎降旗，妾在深宮那得知？十四萬人齊解甲，更無一個是男兒！

不讀花蕊夫人的宮詞，不會瞭解爲什麼「君王城上豎降旗」和「十四萬人齊解甲」的原因？讀完了「宮詞」再讀這首「逃亡國詩」，就知道其間的因果關係了。可惜孟昶只知打毬走馬左擁右抱爲樂，而無李煜詩才，不能留下廻腸盪氣的作品，幸有花蕊夫人留下這首亡國絕句，可爲殷鑑。

## 郭紹蘭

郭紹蘭，長安人，巨商任宗妻。任宗賈湘中，數年不歸，紹蘭作詩，繫於燕足。時宗在荊州，燕忽泊其肩，見足繫書，解視之，乃妻所寄，感泣而歸。詩如下：

我壻去重湖，臨窗泣血書。殷勤憑燕翼，寄與薄情夫。

故事雖未可信，詩卻可讀。

## 張氏

張氏，袁州人，評事彭伉妻。貞元中，伉登第，辟江西幕，不歸。張以詩寄之，共二首，第二首更佳。

驛使今朝過五湖，殷勤爲我報狂夫。從來誇有龍泉劍，試割相思得斷無？

## 陳玉蘭

陳玉蘭，吳人王駕妻。有「寄夫」詩一首：

夫戍邊關妾在吳，西風吹妾妾憂夫。一行書信千行淚，寒到君邊衣到無？

## 晁　采

晁采，小字試鶯，大曆時人。少與鄰生文茂約爲伉儷。茂時寄詩通情，采以蓮子達意，墜於一盆，踰旬，開花並蒂，茂以報采，乘間歡合。母得其情，歎曰：才子佳人，自應有此。遂以采歸茂。采有詩二十二首，多屬伉儷情深之作，且多佳構。「雨中憶夫」二首之二可作代表。

春風送雨過窗東，忽憶良人在客中。安得妾身今似雨，也隨風去與郎同。

## 崔鶯鶯

崔鶯鶯，貞元中，隨母鄭氏寓居蒲東佛寺。有張生者，與之賦詩贈答，情好甚暱。唐人傳奇小說中元稹（微之）所作「鶯鶯傳」，記之甚詳，傳中張生，據考證乃元微之假託，因崔鶯鶯母鄭氏乃睦州刺史鄭濟之女。白樂天作「微之母鄭夫人誌」亦言「鄭濟女」，故微之與鶯鶯爲姨表。微之生於大歷十四年己未，至貞元十六年庚辰，正二十二歲，而鶯鶯傳謂張生年二十三（辨傳奇鶯鶯事謂二十二歲）未嘗近女色，是亦符合。所謂「張生」即微之本人，可信，因中外小說甚多自傳，無不假托人以言事。唐朝傳奇小說中不少女子均見於全唐詩，如柳氏即許堯佐作「柳氏傳」中人，崔鶯鶯亦元微之作「鶯鶯傳」中人也。

崔鶯鶯有詩三首，均佳。

答張生

待月西廂下，迎風戶半開。拂牆花影動，疑是玉人來。

寄詩（一作絕微之）

自從銷瘦減容光，萬轉千廻懶下牀。不爲旁人羞不起，爲郎憔悴卻羞郎。

告絕詩

棄置今何道？當時且自親。還將舊來意，惜取眼前人。

三首詩合起來看，都是寫一個人（尤以第二首第三首最爲明顯），此人即元微之。以崔鶯鶯詩證元微之小說，更若合符節。元微之是大詩人，也是大小說家，如元生在今日，不止於此一短篇，「鶯鶯傳」可寫成二三十萬字長篇。

因自傳體小說是親身生活經驗，更易敷陳，也更感人。

平劇「紅娘」本事即源於「鶯鶯傳」，但紅娘喧賓奪主，成爲主角，此戲劇手法異於小說也。

## 步非煙

步非煙，河南功曹武公業妾，鄰生趙象以詩誘之，非煙答以詩，象因踰垣相從。事露，笞死，有七絕詩四首，均佳，錄其二首。

寄懷

畫簷春燕須同宿，蘭浦雙鴛肯獨飛？長恨桃源諸女伴，等閒花裏送郎歸。

答趙象

相思只恨難相見，相見還愁卻別君。願得化爲松上鶴，一雙飛去入行雲。

如此才女，生不逢辰，死於夏楚，無異煮鶴焚琴。若在今日，必起公憤，人權協會當仗義執言也。

## 崔紫雲

崔紫雲，尙書李愿妓也。愿在東都，時會朝士，杜牧以御史分司，輕騎經往，引滿三爵，問曰：聞有紫雲者孰是？愿指示之。牧曰：名不虛傳，宜以見會。復引滿高吟，旁若無人。愿遂以贈。紫雲臨行，獻詩而別。

臨行獻李尙書

從來學製斐然詩，不料霜臺御史知。忽見便敎隨命去，戀恩腸斷出門時。

由此可見唐朝士大夫爲一特權階級，視婦女如玩物，杜牧無狀，於此可見。白居易亦曾以御史分司洛陽，常有雅集，無此惡行。

## 崔素娥

崔素娥，韋洵美妾。鄴都羅紹威辟洵美爲從事，素娥隨行。紹威聞其姝麗，逼獻之。素娥爲詩以別，其夜，洵美獨宿長吁，有同行者，問知其事，欻然而去。至三更，以皮囊貯素娥至，洵美遂挾以他遁，素娥詩如后：

別韋洵美

妾閉閒房君路岐，妾心君恨兩依依。神魂倘遇巫娥伴，猶逐朝雲暮雨歸。

## 裴羽仙

裴羽仙，無世次里籍可考，時以夫征戎，輕入被擒，音信斷絕，作「哭夫」詩二首。

風卷平沙日欲曛，狼煙遙認犬羊羣。李陵一戰無歸日，望斷胡天哭塞雲。

良人平昔逐蕃渾，力戰輕行出塞雲。從此不歸成萬古，空留賤妾怨黃昏。

## 劉媛（一作瑗）

劉媛，無世次里籍可考。有詩三首，均佳。

長門怨

學畫蛾眉獨出羣，當時人道便承恩。經年不見君王面，花落黃昏空掩門。

雨滴梧桐秋夜長，愁心和雨到昭陽。淚痕不共君恩斷，拭卻千行更萬行。

送遠

聞道瞿塘灩澦堆，青山流水近陽臺。知君此去無還日，妾亦隨波不復回。

## 葛鴉兒

葛鴉兒，無世次里籍可考。有七絕三首，會仙詩二首亦佳，錄其「懷良人」一首。

蓬鬢荊釵世所稀，布裙猶是嫁時衣。胡麻好種無人種，正是歸時不見歸。

## 劉　瑤（一作裴瑤）

劉瑤，無世次里籍可考。有詩三首，「闔閭城懷古」甚佳。

五湖春水碧連天，國破君亡不計年。唯有妖娥曾舞處，古臺寂寞起寒煙。

## 劉　淑　柔

劉淑柔，無世次里籍可考。有「中秋夜泊武昌」一首，的是寫實佳作。

兩城相對峙，一水向東流。今夜素娥月，何年黃鶴樓？

悠悠蘭棹晚，渺渺荻花秋。無奈柔腸斷，關山總是愁。

## 劉元載妻

劉元載妻，無世次里籍姓氏可考。有「早梅」（一作觀梅女仙詩）詩一首如下：

南枝向暖北枝寒，一種春風有兩般。憑仗高樓莫吹笛，大家留取倚闌干。

## 劉氏婦

劉氏婦，無世次里籍可考。有「明月堂」七絕二首，其二甚佳。

玉鉤風急響丁東，回首西山似夢中。明月堂前人不見，庭梧一夜老秋風。

## 李主簿姬

李主簿不知其名，姬更無世次里籍姓氏可考，李秋遊廣陵，迨春未返，姬以詩寄之。

去時盟約與心違，秋日離家春不歸。應是維揚風景好，恣情歡笑到芳菲。

## 京兆女子

京兆女子，唐末人，不知里籍姓氏。有「題興元明珠亭」詩一首。

寂寞滿地落花紅，獨有離人萬恨中。回首池塘更無語，手彈珠淚背春風。

## 譙氏女

譙氏女，更不知姓名里籍。有「題沙鹿門」詩一首。

昔逐良人去上京，良人身歿妾東征。同來不得同歸去，永負朝雲暮雨情。

## 關盼盼

關盼盼，徐州妓，張愔納之。張歿，關獨居彭城燕子樓，歷十餘年。白居易贈詩諷其死，盼盼得詩，泣曰：妾非不能死，恐我公有從死之妾，玷清範耳！乃和白詩，旬日不食而卒。有詩四首，均佳。

燕子樓三首

樓上殘燈伴曉霜，獨眠人起合歡牀。相思一夜情多少？地角天涯不是長。

北邙松柏鎖愁煙，燕子樓中思悄然。自埋劍履歌塵散，紅袖香銷已十年。

適看鴻雁岳陽廻，又覩玄禽逼社來。瑤瑟玉簫無意緒，任從蛛網任從灰。

和白公詩

自守空樓斂恨眉，形同春後牡丹枝。舍人不會人深意，訝道泉臺不去隨。

關盼盼才情並茂，獨居十餘年未死，亦無逾越，得白居易詩，乃絕粒而死，眞乃我雖不殺伯仁，伯仁由我而死。白樂天通情達理，更游於佛道之間，莫非狃於士大夫特權觀念，多此一擧，亦乃白璧之玷。

## 劉采春

劉采春，越州妓。有「囉嗊曲」六首，首首俱佳。與士大夫作品，迥異其趣。

不喜秦淮水，生憎江上船。載兒夫壻去，經歲又經年。
借向東園柳，枯來得幾年。自無枝葉分，莫怨太陽偏。
莫作商人婦，金釵當卜錢。朝朝江口望，錯認幾人船！
那年別離日，只道住桐廬。桐廬人不見，今得廣州書。
昨日勝今日，今年老去年。黃河清有日，白髮黑無緣。
昨日北風寒，牽船浦裏安。潮來打纜斷，搖櫓始知難。
這六首詩都是有血有肉的作品，非當時無病呻吟之腐儒可比。較之那些進士出身，只仰君王鼻息，不知民間疾苦的士大夫，可愛多矣！

## 太原妓

太原妓，不知其姓名里籍。歐陽詹遊太原，悅之，約至都相迎。別後，妓思之，疾甚，乃刄髻作詩寄詹，絕筆而逝。詩如下：

自從別後減容光，半是思郎半恨郎。欲識舊來雲髻樣，爲奴開取縷金箱。

妓女才情如此，毋乃太痴。唐朝社會風氣雖相當開放，而女性專情者多，士大夫則享盡人間豔福，亦一大不平事。

## 舞柘枝女

舞柘枝女，韋應物愛姬所生，流落潭州，委身樂部，李翺見而憐之，於賓僚中選士嫁焉。有「獻李觀察」詩一首。

湘江舞罷忽成悲，便脫蠻靴出降帷。誰是蔡邕琴酒客？魏公懷舊嫁文姬。

## 襄陽妓

賈中郎與武補闕登峴山，遇一妓同飲，妓自稱襄陽人，「送武補闕」詩一首甚佳。

弄珠灘上欲銷魂，獨把離懷寄酒尊。無限煙花不留意，忍教芳草怨王孫。

## 楚兒

楚兒，子潤娘，爲捕賊官郭鍜所納，一日遊曲江，遇鄭昌圖，出簾召之。鍜覺，曳於中衢，繫以馬箠。鄭驚去。明日，過其居偵之，已在臨衢窗下弄琵琶矣。貽鄭詩云：

應是前生有宿寃，不期今世惡因緣。蛾眉欲碎巨靈掌，雞肋難勝子路拳；

祇擬嚇人傳鐵券，未應教我踏青蓮。曲江昨日君相遇，當下遭他數十鞭。

## 張窈窕

張窈窕，寓居於蜀，當時詩人雅相推重。有詩六首，「春思」二首最佳。

門前梅柳爛春輝，閉妾深閨繡舞衣。雙燕不知腸欲斷，銜泥故故傍人飛。

井上梧桐是妾移，夜來花發最高枝。若教不向深閨種，春過門前爭得知？

另有「春情」兩句亦佳：

滿院花飛人不到，含情欲語燕雙雙。

## 蓮花妓

蓮花妓，豫章人，不知姓氏。陳陶隱南昌西山，鎮帥嚴宇嘗遣之侍陶，陶不顧，因求去，獻詩一首云：

蓮花爲號玉爲腮，珍重尚書遣妾來。處士不生巫峽夢，虛勞神女下陽臺。

## 薛濤

薛濤，字洪度。本長安良家女，隨父宦，流落蜀中，遂入樂籍，辨慧工詩，有林下風致。韋皐鎮蜀，召令侍酒賦詩，稱爲女校書，出入幕府，歷事十一鎭，皆以詩受知。暮年屏居浣花溪，著女冠服，好製松花小箋，時號薛濤箋。有詩八十八首，兩句。其中「十離詩」是寫元微之的。元微之使蜀，嚴司空遣濤往事，因事獲怒，遠之。薛因作「十離詩」以獻，復善。從「十離詩」中知薛事元已四五年，兩人關係自非泛泛，而薛於元，曲盡逢迎，以求諒解苦心，令人同情。薛爲才女，詩多靈性，略選數首如后：

謁巫山廟

亂猿啼處訪高唐，路入煙霞草木香。山色未能忘宋玉，水聲猶是哭襄王；朝朝夜夜陽臺下，爲雨爲雲楚國亡。惆悵廟前多少柳，春來空鬥畫眉長。

寄張元夫

前溪獨立後溪行，鷺識朱衣自不驚。借問人間愁寂意，伯牙弦絕已無聲。

贈遠之一

芙蓉新落蜀山秋，錦字開緘到是愁。閨閣不知戎馬事，月高還上望夫樓。

鸚鵡離籠

隴西獨自一孤身，飛去飛來上錦茵。都緣出語無方便，不得籠中再喚人。

寄舊詩與元微之

詩篇調態人皆有，細膩風光我獨知。月下詠花憐暗澹，雨朝題柳爲欹垂；長教碧玉藏深處，總向紅牋寫自隨。老大不能收拾得，與君開似教男兒。

元微之失鶯鶯而得薛濤，可以無憾。

薛濤八九歲即知音律。一日其父指井梧曰：「庭除一古桐，聳幹入雲中」，薛應聲曰：「枝迎南北鳥，葉送往來風」父慨然久之。後果入樂籍。紅顏薄命，有數存焉，女子福慧雙修者，史不多見。

## 魚玄機

魚玄機，字幼微，一字蕙蘭，長安里家女。喜讀書，有才思。補闕李億納為妾，愛衰，遂從冠帔於咸宜觀，後以笞殺女童綠翹事，為京兆溫璋所戮，有詩五十首，五殘句。

全唐詩自七百九十七卷名媛宮人起，至八百零五卷蜀慈光寺尼海印止，作品以花蕊夫人徐氏一五八首最多，其次為薛濤八十八首，再其次即魚玄機五十首，故知者較多。而以魚玄機死於大辟結局最慘。但所有女詩人不是宮女，即為妾侍，或道姑比丘尼，類多紅顏薄命，而無庸福。此固與時代有關，殆亦天妬耶？

魚玄機好詩亦多，與溫飛卿亦有唱和，錄其數首如后：

賦得江邊柳（一作臨江樹）

翠色連荒岸，煙姿入遠樓。影鋪秋水面，花落釣人頭；
根老藏魚窟，枝低拂客舟。蕭蕭風雨夜，驚夢復添愁。

贈鄰女（一作寄李億員外）

羞日遮羅袖，愁春懶起妝。易求無價寶，難得有情郎；
枕上潛垂淚，花間暗斷腸。自能窺宋玉，何必恨王昌？

遊崇眞觀南樓覩新及第題名處

雪峯滿目放春晴，歷歷銀鈎指下生。自恨羅衣掩詩句，舉頭空羨榜中名。

江陵愁望寄子安

楓葉千枝復萬枝，江橋掩映暮帆遲。憶君心似西江水，日夜東流無歇時。

折楊柳

朝朝送別泣花鈿，折盡春風楊柳煙。願得西山無樹木，免教人作淚懸懸。

魚玄機雖然能詩，但沒有考試權利，所以她才有「自恨羅衣掩詩句，舉頭空羨榜中名」。如果唐朝准許女子參加考試，不但魚玄機取進士如拾芥，所有女詩人也都是女進士，那他們的命運便不相同了。不過別人不像魚玄機這樣，敢將心中的想法寫出來，她這兩句詩無異是代唐朝所有才女詩人發言。

## 李　冶（一作裕）

李冶，字季蘭，吳興人。有詩十六首，四殘句。好詩甚多。

湖上臥病喜陸鴻漸至

昔去繁霜月，今來苦霧時。相逢仍臥病，欲語淚先垂；強勸陶家酒，還吟謝客詩。偶然成一醉，此外更何之。

相思深

人道海水深，不抵相思半。海水尚有涯，相思渺無畔；

攜琴上高樓，樓虛月華滿。彈着相思曲，弦腸一時斷。

恩命追入留別廣陵故人

無才多病分龍鍾，不料虛名達九重。仰愧彈冠上華髮，多慚拂鏡理衰容；馳心北闕隨芳草，極目南山望舊峯。桂樹不能留野客，沙鷗出浦謾相逢。

春閨怨

百尺井欄上，數株桃已紅。念君遼海北，拋妾宋家東。

李冶詩名遠播長安，上達天子，可見她之受人重視。

## 元淳

元淳，女道士，洛中人。有詩兩首，均佳。

寄洛中諸姊

舊國經年別，關河萬里思。題詩憑雁翼，望月想蛾眉；白髮愁偏覺，歸心夢獨知。誰堪離亂處，掩淚向南枝。

秦中春望

鳳樓春望好，宮闕一重重。上苑雨中樹，終南霧後峯；落花尋遍處，佳氣晚來濃。喜見休明代，霓裳躡道踪。

## 海　印

海印，蜀慈光寺尼，唐末人。有詩一首如下：

舟夜一章

水色連天色，風聲益浪聲。旅人歸思苦，漁叟夢魂驚；
舉棹雲先到，移舟月逐行。旋吟詩句罷，猶見遠山橫。

海印詩才俊逸，一首可抵許多進士百首。而進士中有詩數百而無一首性靈佳作者，不乏其人。

## 寒　山　子

寒山子，不知何許人？居天臺唐興縣寒巖，時往還國清寺，以樺皮爲冠，布裘敝履。或長廊唱詠，或村墅歌嘯，人莫識之。閭丘胤宦丹丘，臨行，遇豐干師，言從天臺來。閭丘問彼地有何賢堪師？師曰：「寒山文殊，拾得普賢，在國清寺庫院厨中著火。」閭丘到官三日，親往寺中，見二人，便禮拜。二人大笑曰：「豐干饒舌，饒舌，阿彌不識，禮我何爲？」即走出寺，歸寒巖，寒山子入穴而去，其穴自合。嘗於竹木石壁，村墅屋壁書詩，全唐詩僅收其五言詩二八七首，七言詩十六首，三字詩六首，五言拾遺二首，共三百一十一首，但寒山子曾有一詩說：

五言五百篇，七字七十九。三字二十一，都來六百首。
一例書巖壁，自誇云好手。若能會我詩，眞是如來母。

根據這首詩看來，他確有詩六百首，失者近半。

寒山子的三百一十一首詩中，雖也有描寫他在寒山生活情形和自然環境的，但他的詩都是哲理詩，游於道佛之間。佛教傳來我國後，佛家思想與我道家出世派思想不謀而合。寒山子雖游於佛道之間，但嚴格地說，他不是佛、不是僧，而是道家的出世派，隱士神仙之流，寒山子即道家名號。

寒山子的詩不難懂，也不易懂，如對佛道兩家思想有深入瞭解者方可全懂。因爲他的詩不是純文學詩，而是哲理詩。但寒山子對自己的詩很有信心，且引他的一首原作來看：

有人笑我詩，我詩合典雅。不煩鄭氏箋，豈用毛公解？不恨會人稀，只爲知音寡。若遣趁宮商，余病莫能罷。忽遇明眼人，即自流天下。

果如他所料，千年之後，他的詩眞的流傳天下了！

據一九八六年七月三日中央社發自巴黎的英文電訊（見英文中國郵報）說，法國人喜歡中國古典詩的美、博與哲學意義，法國漢學家 Patrick Carre 翻譯了「寒山詩集」三一一首出版，另外還有王維、鄭板橋的詩集。李白詩集出版得更早，譯者是法國另一學者 Paul Jacob。

從中央社那則電訊看來，確實證明了寒山子的「忽遇明眼人，即自流天下」這兩句詩的信心和遠見，可惜遲了一點，但這不是急功近利沒有哲學思想的詩人作家所能辦到的。「商業文學」不過是肥皀泡泡，現代垃圾。

二次大戰後的西方人，繼物質文明所帶來的功利主義，違反了自然法則，扭曲了人性，加上第三次世界大戰的陰影，共產主義的囂張，恐怖、空虛、徬徨、苦悶……在精神上已經走進了死衚子，因此才有嬉皮的產生。存在主義解除不了西方人的精神壓力，找不到一條精神出路，因此法國漢學家看中了李白、王維、寒山子和鄭板橋這四位中國詩人，除了文學價值之外，應是他們的哲學思想、精神文明。他們的詩對法國人是一副清涼劑，對西洋文學同樣有提昇作用。而我們從法國引進的波特萊爾（Charles Baudeliare, 1821-1867）和魏侖（Paul Verlaire, 1844-1896）則造成了中國新詩的紊亂，思想上的倒錯，自我的迷失。這兩件事是特別值得我們深思反省的。月亮不是外國的圓。

寒山子的詩眞面貌如何？我不妨引其有關寒山生活、思想方面較具代表性的作品，以供讀者參考。

人問寒山道，寒山路不通。夏天冰未釋，日出霧朦朧。
似我何由屆？與君心不同。君心若似我，還得到其中。

可笑寒山道，而無車馬蹤。聯谿難記曲，疊嶂不知重。
泣露千般草，吟風一樣松。此時迷徑處，形問影何從？

重巖我卜居，鳥道絕人迹。庭際何所有？白雲抱幽石。
住茲凡幾年，歷見春冬易。寄語鍾鼎家，虛名定無益。

欲得安身處，寒山可長保。微風吹幽松，近聽聲逾好。

下有斑白人，喃喃讀黃老。十年歸不得，忘卻來時道。

杳杳寒山道，落落冷澗濱。啾啾常有鳥，寂寂更無人。
淅淅風吹面，紛紛雪積身。朝朝不見日，歲歲不知春。

一向寒山坐，淹留三十年。昨來訪親友，大半入黃泉。
漸減如殘燭，長流似逝川。今朝對孤影，不覺雙淚懸。

人生不滿百，常懷千歲憂。自身病始可，又為子孫愁。
下視禾根土，上看桑樹頭。秤鎚落東海，到底始知休。

寒山有躶蟲，身白而頭黑。手把兩卷書，一道將一德。
住不安釜竈，行不齎衣裓。常持智慧劍，擬破煩惱賊。

一住寒山萬事休，更無雜念掛心頭。閒於石壁題詩句，任運還同不繫舟。

千生萬死凡幾生，生來死去轉迷情。不識心中無價寶，猶似盲驢信脚行。

時人見寒山，各謂是風顛。貌不起人目，身唯布裘纏。
我語他不會，他語我不言。爲報往來者，可來向寒山。

寒山子，長如是。獨自居，不生死。

下愚讀我詩，不解卻嗤誚。中庸讀我詩，思量云甚要。
上賢讀我詩，把著滿面笑。楊修見幼婦，一覽便知妙。

以上這些詩，只是寒山子作品的極小部分，但讀者不難從這些作品中見其思想梗概。寒山子是一位很有自信心和自知之明的詩哲。法國漢學家 Patrick Carre 亦獨具慧眼。杜甫說「文章千古事，得失寸心知」，一位有自信心的詩人作家，是耐得住眼前寂寞的。只有那些思想空空如也，孜孜爲名爲利的作者，才俯仰由人，惶惶不可終日。

## 拾　得

拾得，貞觀中，與豐干、寒山相垂跡於國清寺。初豐干禪師遊松徑，徐步赤城道上，見一子，年可十歲，遂引至寺，付庫院，經三紀，令知食堂，每貯食滓於竹筒。寒山子來，負之而去。一夕，僧衆同夢山王云：拾得打我。旦見山王，果有杖痕，衆大駭。及閭丘太守禮拜後，同寒子出寺，沈迹無所，後寺僧於南峯採薪，見一僧入巖，挑鎖子骨，云取拾得舍利，方知在此巖入滅，因號爲拾得巖。有詩五十一首。

拾得詩遠較寒山子爲少，亦不如寒山子詩多采多姿。拾得是僧，非道。可於詩中旨趣見之。

諸佛留藏經，只爲人難化。不唯賢與愚，箇箇心構架。
造業大如山，豈解憂懷怕。那肯細尋思，日夜懷姦詐。

從來是拾得，不是偶然稱。別無親眷屬，寒山是我兄。
兩人心相似，誰能徇俗情。若問年多少，黃河幾度清。

寒山住寒山，拾得自拾得。凡愚豈見知，豐干卻相識。
見時不可見，覓時何處覓？借問有何緣？卻道無爲力。

古佛路淒淒，愚人到卻迷。只緣前孽重，所以不能知。

欲識無爲理，心中不掛絲。生生勤苦學，必定覩天師。

我詩也是詩，有人喚作偈。詩偈總一般，讀時須子細。
緩緩細披尋，不得生容易。依此學修行，大有可笑事。

## 豐干

豐干禪師，居天臺山國清寺。晝則舂米供僧，夜則扃房吟詠。一日，騎虎松徑來，入國清寺巡廊唱道，衆皆驚怖。嘗於京輦爲閭丘太守救疾。閭丘之任臺州，便至國清寺問豐干禪院所在？云在經藏後，無人住得。每有一虎，時來此吼。閭丘至師院，開房唯見虎跡，壁上存詩二首，今錄其一：

本來無一物，亦無塵可拂。若能了達此，不用坐兀兀。

此詩與六祖詩偈意近。佛家追求的是宇宙形成之前的無的世界，沒有時空觀念的世界。

## 金地藏

金地藏，新羅國王子。至德初，航海居九華山。有「送童子下山」詩一首：

空門寂寂汝思家，禮別雲房下九華。愛向竹欄騎竹馬，懶於金地聚金沙；
添憑澗底休招月，烹茗甌中罷弄茶。好去不須頻下淚，老僧相伴有煙霞。

這首詩很有人情味。新羅王子顯然四大未空。

## 懷素

懷素，京兆人，姓范（一作錢），從玄奘法師出家。上元三年，詔住西太原寺，尋歸西京，以草書名。有詩二首，均佳。

題張僧繇醉僧圖

人人送酒不曾沽，終日松間掛一壺。草聖欲成狂便發，眞堪畫入醉僧圖。

寄衡嶽僧

祝融高座對寒峯，雲水照丘幾萬重。五月衲衣猶近火，起來白鶴冷青松。

## 靈　一

靈一，俗姓吳，居餘杭宜豐寺。禪誦之暇，輒賦詩歌，與朱放、張繼、皇甫曾諸人為塵外友。有詩五十一首。

靈一詩有靈性，文學性高於佛性。好詩甚多。

酬皇甫冉西陵見寄（一作西陵渡）

西陵潮信滿，島嶼沒中流。越客依風水，相思南渡頭；寒光生極浦，落日映滄洲。何事揚帆去？空驚海上鷗。

宿天柱觀（一作宿靈洞觀）

石室初投宿，仙翁喜暫容。花源隔水見，洞府過山逢；泉湧階前地，雲生戶外峯。中宵自入定，非是欲降龍。

靜林精舍（寺即梁武帝未達時所居，寺中有鐘磬，皆古物，時時有聲，寺在安吉州。）

靜林溪路遠，蕭帝有遺蹤。水擊羅浮磬，山鳴于闐鐘；燈傳三世火，樹老萬株松。無數煙霞色，空聞昔臥龍。

題僧院

虎溪閒月引相過，帶雪松枝掛薜蘿。無限青山行欲盡，白雲深處老僧多。

歸岑山過惟審上人別業（一作歸岑山留別）

禪客無心憶薜蘿，自然行徑向山多。知君欲問人間事，始與浮雲共一過。

將出宜豐寺留題山房

池上蓮花不自開，山中流水偶然來。若言聚散定由我，未是回時那得回？

與元居士青山潭飲茶

野泉煙火白雲間，坐飲香茶愛此山。巖下維舟不忍去，青溪流水暮潺潺。

## 皎然

皎然，名晝，謝靈運十世孫，長城人。居杼山。時謂其文章儁麗，並與顏眞卿韋應物等酬唱，敕其文集入祕閣。此可能與其結交權貴有關。有詩四八三首。然就詩論詩，既少佛性，更無靈性，去道家寒山子不可以道里計；去佛家拾得、靈一亦遠。其最佳作品不過「戲呈薜彝」一首：

山僧不厭野，才子會須狂。何處銷君興？春風搖綠楊。

其次要推五言十二句的「冬日送顏延之明府撫州覲叔父」與「舟行懷閻士和」七絕，此外沒有值得一提的了。令人失望。足爲夤緣時會，浪得虛名者戒！文學藝術不可以欺人，更不能自欺，而今日等而下的皎然亦復不少，何苦乃爾？

## 知　玄

知玄，字後覺，俗姓陳，眉州人。僖宗時，賜號悟達國師。原有詩歌二十餘卷，全唐詩僅存三首。其「五歲詠花」詩，已見夙慧：

花開滿紅樹，花落萬枝空。唯餘一朵存，明日定隨風。

另一首「祝堯詩」七絕，亦佳。

## 栖　白

栖白，越中僧。前與姚合交，後與李洞、曹松相贈答。宣宗朝，嘗居荐福寺，內供奉，賜紫。有詩十六首。

邊思

西北黃雲暮，聲聲畫角愁。陰山一夜雨，白草四郊秋；
亂雁鳴寒渡，飛沙入廢樓。何時香色盡？此地見芳洲。

另一首「八月十五夜玩月」亦佳。

## 良　乂

良乂，大中時僧。有「答盧鄴」七絕一首：

風泉只向夢中聞，身外無餘可寄君。當戶一輪唯曉月，掛簷數片是秋雲。

後兩句絕佳。

## 神　穎

神穎，咸通中僧，有詩二首。「宿嚴陵釣臺」七絕佳。

寒谷荒臺七里洲，賢人永逐水東流。獨猿叫斷青天月，千古冥冥潭樹秋。

## 澹　交

澹交，蘇州昭隱寺僧。乾符中人。有詩三首，「寫眞」一首，頗有佛性：

圖形期自見，自見卻傷神。已是夢中夢，更逢身外身；

水花凝幻質，墨彩染空塵。堪笑余兼爾，俱爲未了人。

## 子　蘭

子蘭，昭宗朝文章供奉，有詩二十六首。以「贈行脚僧」、「華嚴寺望樊川」、「城上吟」、「千葉石榴花」等首較佳。錄其七絕一首，五絕一首。

城上吟

古塚密於草，新墳侵官道。城外無閒地，城中人又老。

千葉石榴花

一朶花開千葉紅，開時又不藉春風。若教移在香閨畔，定與佳人豔態同。

## 可　止

可止，俗姓馬，范陽房山人。長近體律詩。乾寧中，賜紫，後唐明宗令住持洛京長壽寺，署號文智大師。有詩九首。七絕二首甚佳，錄小雪一首。

小雪

落雪風前不厭看，更多還恐蔽林巒。愁人正在書窗下，一片飛來一片寒。

## 雲　表

雲表，唐末於豫章講法華慈恩大疏，法席稱盛，有「寒食日」詩一首，甚佳。

寒食悲看郭外春，野田無處不傷神。平原纍纍添新塚，半是去年來哭人。

## 懷　濬

懷濬，秭歸郡僧，能知未兆之事，東里人以神聖待之。刺史于公捕詰，乃以詩通狀，于異而釋之，詩二首如下：

家在閩山西復西，其中歲歲有鶯啼。如今不在鶯啼處，鶯在舊時啼處啼。

家在閩山東復東，其中歲歲有花紅。如今不在花紅處，花在舊時紅處紅。

此兩詩如偈，饒有禪意。

## 无則

无則，五代時人，爲法眼文益禪師弟子，有詩三首，均爲詠物七絕，以「百舌鳥」之一較佳。

千愁萬恨過花時，似向春風怨別離。若使他禽俱解語，一生懷抱有誰知？

## 齊己

唐朝和尚詩人中，以貫休詩最多，共七二五首，另八殘句。貫休俗姓姜，蘭溪人，七歲出家，日讀經書千字，過目不忘，兼工書畫，其詩雖多，既無佛性，更無靈性，時謂其詩奇險，即不明詩之爲詩也。我費時數日讀其詩，卻無一詩可選，與前此諸多進士詩人同，至爲失望。

齊己，名得生，俗姓胡，益陽人。出家大潙山同慶寺，復棲衡嶽東林。自號衡嶽沙門。有詩七〇九首，另七殘句，在數量上可與貫休等量齊觀，詩質較貫休略勝一籌，但好詩太少，勉可稱爲佳作者不過「山中答問」、「月下作」、「鷺鷥」一首、「贈樊處士」、「荊渚逢禪友」、「答禪者」、「閉門」等而已，不成比例。

閉門

正是閉門爭合閉，大家開處不須開。還防朗月清風夜，有箇詩人相訪來。

自題

禪外求詩妙，年來鬢已秋。未嘗將一字，容易謁諸侯；
掛夢山皆遠，題名石盡幽。敢言粱太子，傍采碧雲流。

山中答人

謾道詩名出，何曾著苦吟？忽來還有意，已過即無心；
夏月山長往，霜天寺獨尋。故人憐拙朴，時復寄空林。

## 尚　顏

尚顏，字茂盛，俗姓薛，出家荊門。有詩三十四首，詩在貫休、齊己之上。錄其二首，以見一斑。

送人歸鄉

多才與命違，末路憶柴扉。白髮何人問？青山一劍歸；
晴煙獨鳥沒，野渡亂花飛。寂寞長亭外，依然空落暉。

紫閣隱者

天高紫閣侵，隱者信沈沈。道長年兼長，雲深草復深；
如非禪客見，即是獵人尋。北笑長安道，埃塵古到今。

尚顏詩境界較貫休、齊己高，自然灑脫。「北笑長安道，埃塵古到今」兩句更是參透名利，色即是空。

## 棲蟾

棲蟾，居屏風巖，有詩十二首。其中「牧童」一首，寄托遙深，前所未見。

牛得自由騎，春風細雨飛。青山青草裏，一笛一簑衣；
日出唱歌去，月明撫掌歸。何人得似爾？無是亦無非。

## 棲一

棲一，武昌人，與貫休同時。有詩二首，「武昌懷古」七律一首甚佳。

戰國城池盡悄然，昔人遺跡遍山川。笙歌罷吹幾多日，臺榭荒涼七百年；
蟬響夕陽風滿樹，雁橫秋島雨漫天。堪嗟世事如流水，空見蘆花一釣船。

「蟬響夕陽風滿樹」、「空見蘆花一釣船」是絕妙佳句，已經好久沒有讀到這類佳句。

## 隱求（一作隱丘）

隱求，無姓氏里籍可考，有「石橋琪樹」五絕一首，甚佳：

山上天將近，人間路漸遙。誰當雲裏見，知欲渡仙橋。

## 無悶

無悶，有七絕二首，均佳。

暮春送人

折柳亭邊手重携，江煙澹澹草萋萋。杜鵑不解離人意，更向落花枝上啼。

寒林石屏

草堂無物伴身閒，惟有屏風枕簟間。本向他山求得石，卻於石上看他山。

## 惟審

惟審，有詩三首，以少勝多。

別友人

一身無定處，萬里獨銷魂。芳草迷歸路，春衣滴淚痕；

幾時休旅食，向夜宿江村。欲識異鄉苦，空山啼暮猿。

這首詩具有整體美。另「春日旅懷呈知己」中間兩聯亦佳：

春水獨行人漸遠，故園歸夢夜空長；一聲隔浦猿啼處，數滴驚心淚滿裳。

在貫休七百多首詩中，絕難看到這種詩句。

## 慕幽

暮幽，有詩六首，「三峽聞猿」七絕最佳：

誰向茲來不恨生?聲聲都是斷腸聲。七千里外一家住，十二峯前獨自行;
瘴雨晚藏神女廟，蠻煙寒鎖夜郎城。憑君且聽哀吟好，會待青雲道路平。

另「柳」一首中間兩聯亦佳:

五株斜傍淵明宅，千樹低垂太尉營;臨水帶煙藏翡翠，倚風兼雨宿流鶯。

這種詩句才會創造美感。不懂詩中三昧者，雖多至千首，亦難脫庸俗。

## 唐末僧

唐末僧，無姓氏里籍，有「題戶詩」一首。

枕有思鄉淚，門無問疾人。塵埋牀下履，風動架頭巾。

每句均有所指，字字落實，毫無虛飾。

## 張氳

張氳，一名蘊，字藏眞，晉州人。神情秀逸悠閒，學道不娶，嘗寓李嶠十餘年。棲息洪崖古壇，自號洪崖子。天后及明皇朝，屢召不赴，有「醉吟詩」三首，兩首頗有道性。

去歲無田種，今春乏酒材。從他花鳥笑，佯醉臥樓臺。

入市非求利，過朝不爲名。有時隨俗物，相伴且營營。

## 陳寡言

陳寡言，字太初，暨陽人。從田良逸學道。元和中，住桐柏山。有詩三首。「臨化示弟子」一首，完全是道家出世派吐屬：

我本無形暫有形，偶來人世逐營營。輪迴負債今還畢，搔首悠然赴上清。

## 吳子來

吳子來，大中末道士，雲笈七籤云：子來止成都雙流縣興唐觀中，養氣絕粒，時亦飲酒，他無所營，一日自寫其眞，並詩二章，留遺觀中道士費玄眞去。

終日草堂間，清風常往還。耳無塵事擾，心有玩雲閒；
對酒惟思月，餐松不厭山。時時吟內景，自合駐童顏。

此生此物當生涯，白石青松便是家。對日臥雲如野鹿，時時買酒醉煙霞。

## 杜光庭

杜光庭，字聖賓，括蒼人。喜讀書，工辭章翰墨，應百篇擧，不中。入天臺山爲道士。僖宗召見，賜以紫服，充麟德殿應制。後隱青城山白雲溪，自稱東瀛子。蜀主王建賜號廣成先生。有詩三十一首，六殘句，其中「題福唐觀二首」、「題莫公墓」、「讀書堂」均爲佳作。

題莫公墓

奇絕巍臺崎濁流，古來人號小瀛洲。路通宵漢雲迷晚，洞隱魚龍月浸秋；
舉首摘星河有浪，自天圖畫筆無鈎。將軍悟卻希夷訣，贏得清名萬古流。

讀書臺

山中猶有讀書臺，風掃晴嵐畫障開。華月冰壺依舊在，青蓮居士幾時來？

## 鄭　遨

鄭遨，字雲叟，滑州白馬人，昭宗時舉進士，不第。入少室山爲道士，徙居華陰，種田自給。與道士李道殷，羅隱之友善，世目爲三高士。唐明宗以左拾遺、晉高宗以諫議大夫召，皆不起。賜號逍遙先生，天福中卒。有詩十七首，引其七絕二首。

宿洞庭

月到君山酒半醒，朗吟疑有水仙聽。無人識我眞閒事，贏得高秋看洞庭。

偶題之二

帆力劈開滄海浪，馬蹄踏破亂山青。浮名浮利濃於酒，醉得人心死不醒。

## 呂　巖（洞賓）

呂巖，字洞賓，一名巖客，禮部侍郎呂渭之孫。河中府永樂縣人。咸通中舉進士，不第。遊長安酒肆，遇鍾離權得道，不知所往。有詩二五二首，兩句。

洞賓詩幾全爲有關道家修持成仙的詩。不懂易經八卦、老子道德經及道家修持方法者多不知所指，以爲無稽。洞賓之所以成仙得道，詩中已有交代，尤其「七言」七律一百一十三首，「五言」五律十六首，「絕句」七絕三十二首，首首都是修持關鍵之作。因其詩才高，故文學性高，但絕非純文學作品，而是以詩傳道。全唐詩儒釋道三家作品中，以道家寒山子的人生思想境界最高，道家理論亦最豐富；而呂洞賓則是對道家修仙實務貢獻最多的詩人，他是以身以詩言道。而他們兩人作品的文學性均高。這就是法國人爲什麼譯寒山詩而承認中國古典詩的雅、博而富有哲學意義的原因。

呂洞賓是得道的神仙，我現在就以文學的標準和道家出世派修仙的方法兩者兼顧的尺度來選介洞賓的佳作。

得火龍眞人劍法

昔年曾遇火龍君，一劍相傳伴此身。天地山河從結沫，星辰日月任停輪；
須知本性綿多刼，空向人間歷萬春。昨夜鍾離傳一語，六天宮殿欲成塵。

道家無不善於用劍，呂洞賓更是劍不離身，這首詩是他的夫子自道。

七言

落魄紅塵四十春，無爲無事信天眞。生涯只在乾坤鼎，活計惟憑日月輪；
八卦氣中潛至寶，五行光裏隱元神。桑田改變依然在，永作人間出世人。

這首詩大概是他落第後遇鍾離權得道後寫的。詩中的「八卦」、「五行」，是道家修仙的基本法則。

憑君子後午前看，一脈天津在脊端。金闕內藏玄谷子，天池中坐太和官；
只將至妙三周火，鍊出通靈九轉丹。直指幾多求道者，行藏莫離虎龍灘。

這首詩說的完全是修持的訣竅。子午是時間，道家靜坐以子、午、卯、酉時最關重要。

還丹功滿未朝天，且向人間度有緣。拄杖兩頭擔日月，葫蘆一箇隱山川；
詩吟自得閒中句，酒飲多遺醉後錢。若問我修何妙法？不離身內汞和鉛。

詩中「拄杖兩頭擔日月，葫蘆一箇隱山川」不但口氣大，也正表示神仙的能耐。我們一般人常侈言中國文化是天人合一的文化。怎麼「合一」？則完全不知道。道家修仙就知道如何天人合一。所以廣成子答黃帝問曰：「……故吾修身千二百歲矣，吾形未嘗衰……吾與日月參光，吾與天地爲常。」呂洞賓就是得的這種道。所謂「身內汞和鉛」的「汞」、「鉛」，只是代名詞，和「氣」的意義相當。人身一小宇宙，宇宙間所有的質、能，人身都有，怎樣結合運用？這是大學問，會了就得道成仙，與天地爲常；不會便與草木同枯朽。誰會？中國道家會，老子五千言中也講得很清楚，而一般只知道功名利祿、山呼萬歲的古今「進士」們不會，反而厚誣先知，侈言天人合一，可笑可恥！中國文化是會復興的，但那要靠佩太極圖臂章的物理學家，上過太空的王贛駿博士他們，而不是連易經、道德經都讀不懂的「腐儒」所能辦到的。「中國科技史」的作者英人李約瑟（Dr. Joseph Needham）就證明了中國的科技發明家都是道家。因爲道家具有科學知識，所以才能發明渾天儀，才懂醫學、軍事，才懂人與宇宙的關係，才能天人合一，才能得道成仙。

返本還元已到乾，能升能降號飛仙。一陽生是興功日，九轉周爲得道年；
煉藥但尋金裏水，安爐先立地中天。此中便是還丹理，不遇奇人誓莫傳。
津能充渴氣充糧，家住三清玉帝鄉。金鼎煉來多外白，玉虛烹處徹中黃；
始知青帝離宮住，方信金精水府藏。流俗要求玄妙理，參同契有兩三行。
誰解長生似我哉？煉成眞氣在三臺。盡知白日升天去，剛逐紅塵下世來；
黑虎行時傾雨露，赤龍耕處產瓊瑰。只吞一粒金丹藥，飛入青霄更不回。
遙指高峯笑一聲，紅霞紫霧面前生。每於廛市無人識，長到山中有鶴行；
時弄玉蟾驅鬼魅，夜煎金鼎煮瓊英。他時若赴蓬萊洞，知我仙家有姓名。
堪笑時人問我家，杖擔雲物惹煙霞。眉藏火電非他說，手種金蓮不自誇；
三尺焦桐爲活計，一壺美酒是生涯。騎龍遠出遊三島，夜久無人玩月華。
自隱玄都不計春，幾回滄海變成塵。玉京殿裏朝元始，金闕宮中拜老君；

悶即駕乘千歲鶴，閒來高臥九重雲。我今學得長生法，未肯輕傳與世人。

以上這些詩不必一一解釋。知者自知，不知者可以存疑，但最後一首最後兩句「我今學得長生法，未肯輕傳與世人」一定人人能懂。呂洞賓不會說謊話，也無說謊話的必要。他的得道成仙是無可置疑的。

呂洞賓的神仙故事很多，民間流傳的姑不究其眞假，且舉兩首詩爲證。

眞人行巴陵市，太守怒其不避，使案吏具其罪。眞人曰：「須酒醒耳。」頃忽失之。但留詩曰：

暫別蓬萊海上遊，偶逢太守問根由。身居北斗星杓下，劍掛南宮月角頭；道我醉來眞箇醉，不知愁是怎生愁？相逢何事不相認？卻駕白雲歸去休。

宋朝張天覺爲相之日，日有襤褸道人及門求施，公不知禮敬，因戲問道人有何仙術？答以能捏土爲香。公請拭爲之。須臾，煙罷，道人不見。但留詩於案上云：

捏土爲香事有因，世間宜假不宜眞。皇朝宰相張天覺，天下雲遊呂洞賓。

呂洞賓的好詩太多，其詩溶文學、哲學於一體，亦駕文學與哲學而上之。寒山子的詩還可以「忽遇明眼人，即自流天下」，呂洞賓的詩就非具有慧眼、法眼不可。但我相信，科學愈發達，日後瞭解呂洞賓的詩的人就會更多。中國的道家文化就可以盛行天下了。

## 韓　湘

韓湘，字湘夫，愈之姪孫。落魄不覊，愈強之婚宦，不聽。愈謫藍關時，湘來逆，同傳舍，愈仍留之，作詩云：

才爲世用古來多，如子雄文世孰過？好待功名成就日，卻收身去臥煙蘿。

韓愈滿腦子功名利祿，是儒家典型人物。韓湘卻答詩以去。詩云：

舉世都爲名利醉，伊予獨向道中醒。他時定是飛昇去，衝破秋空一點青。

後果仙去，韓湘即八仙之一的韓湘子。

## 裴　航

裴航，長慶中進士。航下第時，遊鄂渚，偶與樊夫人同載，航見其有國色，慕之。賂侍妾裊煙，以詩達意，詩云：

向爲胡越猶懷想，況遇天仙隔錦屏。倘若玉京朝會去，願隨鸞鶴入青冥。

樊夫人得詩，若不聞。使裊煙持詩答航：

一飲瓊漿百感生，玄霜擣盡見雲英。藍橋便是神仙窟，何必崎嶇上玉清？

航未達詩之旨趣。後經藍橋驛，渴甚，向老嫗求漿，嫗呼女雲英擎漿與航，英色芳麗，航憶樊夫人詩句，異之，願納聘焉。嫗言已有靈丹，須立杵臼擣之，有此當相與。航購得之，嫗乃令航擣藥百日，嫗吞之，先入洞，告姻戚來迎。航及女就禮，引見諸賓，一仙嫗謂航應相識否？航不省。曰：不憶鄂渚同舟事乎？航驚怛陳謝，始知夫人即雲英之姊。後航及妻入玉峯洞爲上仙。

## 鍾離權

鍾離權，咸陽人，遇老人授仙訣，又遇華陽眞人上仙王玄甫傳道，入崆峒山，自號雲房先生，後仙去。

鍾離權有「題長安酒肆壁」絕句三首，「贈呂洞賓」長詩一首。錄其三絕句之一如后：

坐臥常携酒一壺，不敎雙眼識皇都。乾坤許大無名姓，疏散人中一丈夫。

## 章江書生

金陵陳省躬，顯德中爲臨川宰，舟經章江，泊女兒浦。抵暮，有書生不通姓名，登舟求見，與省躬論語甚詳，問今晉朝第幾帝？省躬具實對。生間高吟一詩，省躬疑是神仙，再拜叩問，終無言。出船，不見所之。其詩如下：

西去長沙東上船，思量此事已千年。長春殿掩無人掃，滿眼梨花哭杜鵑。

## 鬼　詩

全唐詩包羅萬象，帝、王、后、妃、儒、釋、道、鬼、怪、夢、諧謔……無所不有。鬼詩亦復不少，略選三首如后：

石恪贈殿直

石恪，西蜀人。善畫，亦工詩歌，孟蜀亡，入汴供奉，乞歸，道卒。後殿直雷承昊任衡陽，遇恪，與同宿，恪贈以詩，別去。雷始悟其已死。及到任，公宇一如恪言。恪贈雷詩如下：

衡陽此去正三年，一路程途甚坦然。深邃門牆三楚外，清風池舘五峯前；西邊市井來商客，東岸汀洲簇釣船。公退只應無別事，朱陵後洞看神仙。

隔窗鬼題窗上詩

明經王紹，夜深讀書，有人隔窗借筆，紹借之，於窗上題詩。題訖，寂然無聲，乃知非人也。詩如下：

何人窗下讀書聲，南斗闌干北斗橫。千里思家歸不得，春風腸斷石頭城。

沙磧女子

進士趙合，太和初遊五原，夜臥沙磧中，聞沙中女子悲吟，起問之，自陳姓李，家奉天城南小李村，往省姊，道遭黨差撾殺於此，今已三年，倘能歸骨，必有以報。合如言收骨，携至奉天，訪得小李村，葬之。明日，見此女來謝曰：「吾大父肖演參同契，續混元經，子能窮之，龍虎之丹，不日成矣。」合受之，女子已沒。合遂究其藝術，得度世。女詩如下：

雲鬢消盡轉蓬稀，埋骨窮荒失所依。牧馬不嘶沙月白，孤魂空逐雁南飛。

怪詩不錄。

## 夢　詩

劉禹錫（夢揚樂妓和詩）

禹錫於揚州杜鴻漸席上，見二樂妓侑觴，醉吟一絕。復二年，之京，宿郵中，夢二妓和前詩云：

花作嬋娟玉作妝，風流爭似舊徐娘。夜深曲曲灣灣月，萬里隨君一寸腸。

邢鳳（夢中美人歌）

涇原節度李彙說：貞元中，有帥家子邢鳳，居長安平康里南，質一大第，即其寢，而晝偃，夢一美人，古裝，高鬟長眉，執卷而吟。鳳發其卷，美人曰：君必欲傳之，無過一篇，取綵箋傳其陽春曲。問曲中弓彎何謂？美人云：父母教妾爲此舞。乃起，整衣張袖爲舞數拍，爲弓彎狀，以示鳳。既罷，辭去，鳳覺，仍於襟袖得其詩：

長安少女踏春陽，何處春陽不斷腸？舞袖弓彎渾忘卻，羅衣空換九秋霜。

其他如諧謔、讖記、語、謠，非詩之正統，一概不錄。補遺詩亦無佳作可選。

詞由唐人樂府演變而出。開元、天寶肇其端；元和、太和衍其流；大中、咸通以後，迄於南唐二蜀，尤家工戶習，以盡其變，全唐詩自八百八十九卷起至九百卷止，收集唐詞十二卷。因體例不合，我決定與全宋詞一併研讀，續撰「全唐、宋詞尋幽探微」，以完成中國這兩個朝代最具代表性的文學作品的研究、發掘、過濾工作，以提高後人的閱讀興趣，節省閱讀時間，獲致最大效果。這是我在文學創作之外的一點小小心願。

# 附錄：墨人絕律詩集

乙丑除夕

浮海乘槎四十年，今年除夕不成眠。揚鞭也下千行淚，煮字曾耕百萬田；
回首前塵渾似夢，翻看往事宛如煙。鏡花水月知多少？想作神仙未入禪。

丙寅歲首晨起漫步即興

去年昨夜連朝雨，今日天明景色開。一地櫻花猶未掃，幾株楊柳已先栽；
渠中蝌蚪如雲集，山上青松照眼來。隱隱鷓鴣消息好，畫眉聲裏帶春回。

丙寅春日偶題

小園昨夜又東風，牆裏桃花淡淡紅。丹桂飄香除夕近，銀鱗閃閃曲池中。

北投幽居二首

千丈紅塵百萬家，痴人不自想榮華。浩然有意棄軒冕，摩詰存心掃落花；
昨晚流星飛北斗，今朝磨墨且塗鴉。春來更覺生涯好，午夜頻頻聽鼓蛙。
北投難與輞川齊，輞水淪漣月在西。遠火寒林燈隱隱，春風細雨草萋萋；

華子岡前山翠翠，臨湖亭下水迷迷。大屯爭比匡廬好？夢裏甘棠綠柳隄。

感時二首

四十年前生死別，一朝都到眼中來。塘邊綠柳因風舞，屋後蟠桃乘雨栽；
千里平疇翻麥浪，萬家烽火起樓臺。西風瘦馬悲淪落，一片哀鴻處處災。

少小離家老未回，避秦有幸到蓬萊。長江捲起千層浪，彭蠡飛揚刼後灰；
夢裏頻頻驚噩耗，醒來點點費疑猜。家書在手情尤怯，怕道死生不敢開。

暮春

桃葉深深子滿枝，隔牆楊柳細如絲。東風緩緩催花發，微雨霏霏得句遲；
粉蝶翩翩堪入畫，黃鸝滴滴好吟詩。小園淑氣同春在，兩耳蛙聲夢醒時。

春望

大屯山上雲煙濕，淡水河邊歲月長。不見匡廬俏姊妹，難忘彭蠡好兒郎；
春雷隱隱家山遠，蛙鼓頻頻夜未央。忽忽悠悠人已老，者番風浪不尋常。（註）

遊日月潭

---

註：(1)廬山姊妹峯，如妙齡姊妹，携手聯肩並立，美妙絕倫。
(2)鄱陽湖口與長江中大小孤山，天下獨絕。

清明時節訪明潭，花到荼蘼春未闌。煙雨濛濛舟點點，湖山緲緲水灣灣；翩翩蝴蝶成新寵，落落村姑失舊歡。三十年來如一夢，欲尋陳跡畫中看。（註）

初夏閒情

平生最怕是逢迎，吳市吹簫一楚人。垂老幸能辭館閣，晚年喜得出紅塵；閉門不聽風和雨，開卷即知果是因。過眼雲煙橫嶺北，且看造化幻與眞。

花鳥二首

盡日枝頭聽好音，通宵渠內有蛙聲。渠內青蛙樹上鳥，多情伴我到三更。

十年種樹迎靈鳥，半夜栽花祇爲春。樹上鳥聲啼不住，滿園花發更宜人。

丙寅生日有序

余生於民國第一庚申年芒種日，弱冠投筆從戎抗日，多災多難，歲月悠悠，忽忽五十年矣；乙丑退休，息影林下，得償宿願。丙寅生日，閉門讀白詩，莫逆於心。陶靖節爲鄉賢，白樂天爲父母官，白去陶五百年，余去白千年。余生也晚，然深愛二賢，因成一律：

---

註：今年新春，遇陳其茂兄，他盛意約我遊日月潭。我雖已是不繫之舟，但他仍在教書，金劍兄上班，不能說去就去。春假時大家有空，乃與世潭、其茂、金劍三位老臺中，聯袂上日月潭。時值清明，遊客不多，出乎意料，日月潭已今非昔比矣。

投筆揚鞭五十秋，夢魂常擁大江流。江州司馬靑衫淚，靖節先生五斗羞；
姊妹峯前雲似錦，大屯山上月如鉤。無欲無求身自在，不憂不喜一沙鷗。（註）

夏日讀詩偶成三首

端陽已過無梅雨，暑氣蒸人夏正長。幸有小樓作書屋，山風送我一身涼。
不冠不履不梳妝，盡日讀詩興更長。野鶴閒雲多自在，櫥中還有紙千張。
案上桐花無限美，池中錦鯉正徜徉。風裏鳥聲千百囀，枝頭桃熟我先嘗。

無題

來是行雲去是風，花開花謝雨濛濛。春去猶憐紅杏葉，秋來更惜岸邊楓；
孤星落落銀河外，殘月悽悽宇宙中。午夜蟲聲如細語，一簾幽夢正朦朧。

奉和次韓先生原玉（丙寅）

臺灣電力公司董事長傅次韓先生以「賦呈專欄作者協會諸君子」七律徵和因步原韻附驥
神遊不上玉山巔，筆底風雷動九淵。腹內乾坤通造化，眼中富貴等雲煙；

---

註：白居易曾在陶淵明故居廬山栗里之東香爐峯下築草堂以居。姊妹峯與香爐峯近在咫尺，如姊妹聯肩並立，美妙絕倫，余退休後息影大屯山下，難與故鄉山水相比。

洛陽詞賦惟餘子，天下文章看一篇。五嶽歸來人已老，祇爭萬世不爭先。

△乙丑前舊作▽

烏來秋興二首（丁巳）

其一

雲擁山頭霧作城，烏來仙氣此中生。遊人不畏沾衣雨，墨客還尋瀑布聲；

流水小橋人獨立，涼亭細雨蝶相迎；悠悠歲月知何似？山自青青鳥自鳴。

其二

烏來幾度自清游，此日登臨只爲秋。御苑櫻花能照眼（註一），翡城古蹟數從頭（註二）；

倫敦塔內芳魂渺（註三），江戶宮中王氣收（註四）；秋到蓬萊無秋意，漫天風雨不須愁。

自況一首（辛酉）

且從一字問原因，鯤鳥龍蛇總是塵。滄海曾經應有淚，桑田看盡不傷神；

---

註一：日本新宿御苑八重櫻大而美，繁花滿樹，十分耀眼，堪稱奇景。

註二：義大利翡冷翠爲歐洲文藝復興發祥地，古蹟甚多，繪畫雕塑，美不勝收，歐洲美術雕塑建築，大多脫胎於此。

註三：倫敦塔內有斷頭臺，巨斧仍在，痕跡猶新，亨利八世兩后均在此伏誅。

註四：東京原名江戶，日本皇宮在此。二次大戰之前，日本奉天皇爲神明；日本戰敗之後，政體改變，實施民主，天皇爲象徵性質，毫無權力，皇宮亦開放任百姓參觀，不再視爲神聖之地。

憂時子美誰與共？樂道淵明我最親。（註一）流水青山無限意，騎牛老李亦前身。

懷舊河山五首（甲辰）

其一

雁落平沙水半塘，荻花翻白菊花黃。風帆點點歸舟晚，幾樹丹楓送夕陽。

其二

萬里長江萬里山，匡廬不厭百回攀。漢陽五老雲中住，姊妹翩翩靄靄間。

其三

一峯一寺一孤松，寺寺峯峯細雨濃。千歲老松千羽鶴，寒山夜半寺鳴鐘。

其四

一丘一壑足優游，壑壑丘丘夾水流。太白樂天來更早，晚生遲到一千周。

其五

西望柴桑不見家，避秦渡海逐年華。江州司馬三更淚，（註二）靖節先生五斗嗟。

昨夜兩鬢猶未白，今朝雙眼已昏花。春雷何日驚龍起，故國河山處處嘉。

---

註一：我籍隸江西潯陽，陶潛柴桑人，柴桑古名。

註二：余籍江州，早年專攻新詩，追念前賢白居易，感懷身世，來臺後因以江州司馬為另一筆名。

甲辰除夕感懷

瀛海棲遲十幾春，桃符又見歲華新。年年夢斷長江水，夜夜魂銷醉石津。
解甲無田思五柳，賣文計字絕贏秦。滔滔濁浪排天起，傲骨強撐一病身。

詠物遣懷三首（甲辰）

其一

尋遍千山幾樹松，盤根直上白雲峯。蓬萊春暖多花草，不禁冰霜和雪封。

其二

姹紫嫣紅處處開，惱人春色滿蓬萊。山南山北紅如火，不見寒梅一樹栽。

其三

紅也妖嬈綠也芃，桃花依舊笑春風。歲寒無處尋三友，秋樹蕭蕭憶晚楓。

甲寅春日新詠四首

其一

五百年前我是誰？輪廻生化數中推。如今識得盈虛意，欲上崑崙認劫灰。

其二

小謫人間五四春，半生憂患一勞人。蓬萊有幸聞眞道，更叩玄關問果因。

其三

混元規裏生天地，玉帝鴻鈞與俱來。爲有靈臺能主宰，人人始得列三才。

其四

有去無來忒渺茫，來來去去亦倉皇。有來無去金仙體，儒釋道中見短長。

壽宋鍔七十

宋鍔將軍，籍隸湘潭，蚤歲赴烟臺習海軍，壯年膺命武官，駐節英美。勝利後返國，任海軍參謀長有年，復擢升參謀次長。運籌帷幄，恂恂儒者。今宋公七秩大慶，余忝列舊屬，其胞侄揚曜，且爲余之[redacted]至友，囑滋蕃索詩於余，余雖少學，不敢辭也。因賦七律一首，不計工拙，以示賀忱。

雲鎖烟臺浪逐天，鵬飛鯤化想當年。屠鯨壯志吞河嶽，使節丹心照史篇。
帷幄運籌決千里，綸巾羽扇着先鞭。壽翁應解盈虛數，七十人生一半仙。

墨人附註：另有墨人詩詞聯語之專集出版，劍外理論須備，全集
增新甚多。

# 墨人博士著作書目（校正版）

| 書目 | 類別 | 出版者 | 出版時間 |
| --- | --- | --- | --- |
| 一、自由的火焰 ｝與《山之禮讚》合併易名《墨人新詩集》 | 詩集 | 自印（左營） | 民國三十九年（一九五〇） |
| 二、哀祖國 ｝與《山之禮讚》合併易名《墨人新詩集》 | 詩集 | 大江出版社（臺北） | 民國四十一年（一九五二） |
| 三、最後的選擇 | 短篇小說 | 百成書店（高雄） | 民國四十二年（一九五三） |
| 四、閃爍的星辰 | 長篇小說 | 大業書店（高雄） | 民國四十二年（一九五三） |
| 五、黑森林 | 長篇小說 | 香港亞洲社 | 民國四十四年（一九五五） |
| 六、魔障 | 長篇小說 | 暢流半月刊（臺北） | 民國四十七年（一九五八） |
| 七、孤島長虹（全集中易名爲富國島） | 長篇小說 | 文壇社（臺北） | 民國四十八年（一九五九） |
| 八、古樹春藤 | 中篇小說 | 九龍東方社 | 民國五十一年（一九六二） |
| 九、花嫁 | 短篇小說 | 九龍東方社 | 民國五十三年（一九六四） |
| 一〇、水仙花 | 短篇小說 | 長城出版社（高雄） | 民國五十三年（一九六四） |
| 一一、白夢蘭 | 短篇小說 | 長城出版社（高雄） | 民國五十三年（一九六四） |
| 一二、颱風之夜 | 短篇小說 | 長城出版社（高雄） | 民國五十三年（一九六四） |

一三、白雪青山　長篇小說　長城出版社（高雄）　民國五十四年（一九六五）
一四、春梅小史　長篇小說　長城出版社（高雄）　民國五十四年（一九六五）
一五、洛陽花似錦　長篇小說　長城出版社（高雄）　民國五十四年（一九六五）
一六、東風無力百花殘　長篇小說　長城出版社（高雄）　民國五十四年（一九六五）
一七、合家歡　長篇小說　臺灣省新聞處（臺中）　民國五十四年（一九六五）
一八、紅樓夢的寫作技巧　文學理論　臺灣商務印書館（臺北）　民國五十五年（一九六六）
一九、塞外　短篇小說　臺灣商務印書館（臺北）　民國五十五年（一九六六）
二〇、碎心記　長篇小說　小說創作社（臺北）　民國五十六年（一九六七）
二一、靈姑　長篇小說　小說創作社（臺北）　民國五十七年（一九六八）
二二、鱗爪集　散　文　水牛出版社（臺北）　民國五十七年（一九六八）
二三、青雲路　短篇小說　臺灣商務印書館（臺北）　民國五十八年（一九六九）
二四、變性記　短篇小說　臺灣商務印書館（臺北）　民國五十八年（一九六九）
二五、龍鳳傳　長篇小說　幼獅書店（臺北）　民國五十九年（一九七〇）
二六、火樹銀花　長篇小說　立志出版社（臺北）　民國五十九年（一九七〇）
二七、浮生集　散　文　聞道出版社（臺南）　民國六十一年（一九七二）
二八、墨人詩選　詩　集　臺灣中華書局（臺北）　民國六十一年（一九七二）
二九、鳳凰谷　長篇小說　臺灣中華書局（臺北）　民國六十一年（一九七二）

| | | | |
|---|---|---|---|
| 三〇、墨人短篇小說選 | 短篇小說 | 臺灣中華書局（臺北） | 民國六十一年（一九七二） |
| 三一、斷腸人 | 短篇小說 | 臺灣學生書局（臺北） | 民國六十一年（一九七二） |
| 三二、詩人革命家胡漢民傳 | 傳記小說 | 近代中國社（臺北） | 民國六十七年（一九七八） |
| 三三、心猿 | 長篇小說 | 學人文化公司（臺北） | 民國六十八年（一九七九） |
| 三四、山之禮讚 | 詩　　集 | 秋水詩刊（臺北） | 民國六十九年（一九八〇） |
| 三五、心在山林 | 散　　文 | 中華日報社（臺北） | 民國六十九年（一九八〇） |
| 三六、墨人散文集 | 散　　文 | 學人文化公司（臺中） | 民國六十九年（一九八〇） |
| 三七、山中人語 | 散　　文 | 臺灣商務印書館（臺北） | 民國七十二年（一九八三） |
| 三八、花市 | 散　　文 | 江山出版社（臺北） | 民國七十四年（一九八五） |
| 三九、三更燈火五更雞 | 散　　文 | 江山出版社（臺北） | 民國七十四年（一九八五） |
| 四〇、墨人絕律詩集 | 詩　　集 | 臺灣商務印書館（臺北） | 民國七十六年（一九八七） |
| 四一、全唐詩尋幽探微 | 文學理論 | 臺灣商務印書館（臺北） | 民國七十六年（一九八七） |
| 四二、第二春 | 短篇小說 | 采風出版社（臺北） | 民國七十七年（一九八八） |
| 四三、全唐宋詞尋幽探微 | 文學理論 | 臺灣商務印書館（臺北） | 民國七十八年（一九八九） |
| 四四、小園昨夜又東風 | 散　　文 | 黎明文化公司（臺北） | 民國八　十年（一九九一） |
| 四五、紅塵（上、中、下三卷） | 長篇小說 | 臺灣新生報社（臺北） | 民國八　十年（一九九一） |
| 四六、大陸文學之旅 | 散　　文 | 文史哲出版社（臺北） | 民國八十一年（一九九二） |

四七、紅塵續集　長篇小說　臺灣新生報社（臺北）　民國八十二年（一九九三）
四八、墨人半世紀詩選　詩　選　文史哲出版社（臺北）　民國八十四年（一九九五）
四九、張本紅樓夢（上下兩巨冊）　修訂批註　湖南出版社（長沙）　民國八十五年（一九九六）
五〇、紅塵心語　散　文　圓明出版社（臺北）　民國八十五年（一九九六）
五一、年年作客伴寒窗　散　文　中天出版社（臺北）　民國八十六年（一九九七）
五二、全宋詩尋幽探微　文學理論　文史哲出版社（臺北）　民國八十九年（二〇〇〇）
五三、墨人詩詞詩話　詩詞・理論　詩藝文出版社（臺北）　民國八十九年（二〇〇〇）
五四、娑婆世界（定本）　長篇小說　昭明出版社（臺北）　民國八十八年（一九九九）
五五、白雪青山（定本）　長篇小說　昭明出版社（臺北）　民國八十九年（二〇〇〇）
五六、滾滾長江（定本）　長篇小說　昭明出版社（臺北）　民國八十九年（二〇〇〇）
五七、春梅小史（定本）　長篇小說　昭明出版社（臺北）　民國八十九年（二〇〇〇）
五八、紫燕（定本）　長篇小說　昭明出版社（臺北）　民國九　十年（二〇〇一）
五九、紅樓夢的寫作技巧（定本）　文學理論　昭明出版社（臺北）　民國九　十年（二〇〇一）
六〇、紅塵六卷（定本）　長篇小說　昭明出版社（臺北）　民國九　十年（二〇〇一）
六一、紅塵法文本　巴黎友豐（you fonq）書局出版　二〇〇四年初版

**附　註：**

▲北京中國文聯出版社　二〇〇三年出版　大陸教授羅龍炎・王雅清合著《紅塵》論專書

▲臺北市昭明出版社出版墨人一系列代表作，長篇小說《娑婆世界》、一百九十多萬字的空前大長篇《紅塵》（中法文本共出五版）暨《白雪青山》（兩岸共出六版）、《滾滾長紅》、《春梅小史》、《紫燕》，短篇小說集、文學理論《紅樓夢的寫作技巧》（兩岸共出十四版）等書。臺灣中華書局出版的《墨人自選集》共五大冊，收入長篇小說《白雪青山》、《靈姑》、《鳳凰谷》、《江水悠悠》（爲《東風無力百花殘》易名）、《短篇小說・詩選》合集。《哀祖國》及《合家歡》皆由高雄大業書店再版。臺北詩藝文出版社出版的《墨人詩詞詩話》創作理論兼備，爲「五四」以來詩人、作家所未有者。

▲臺灣商務印書館於民國七十三年七月出版先留英後留美哲學博士程石泉、宋瑞等數十人的評論專集《論墨人及其作品》上、下兩冊。

▲《白雪青山》於民國七十八年（一九八九）由臺北大地出版社第三版。

▲臺北中國詩歌藝術學會於一九九五年五月出版《十三家論文》論《墨人半世紀詩選》。

▲《紅塵》於民國七十九年（一九九〇）五月由大陸黃河文化出版社出版前五十四章（香港登記，深圳市印行）。大陸因未有書號未公開發行僅供墨人「大陸文學之旅」時與會作家座談時參考。

▲北京中國文聯出版公司於一九九二年十二月出版長篇小說《春梅小史》（易名《也無風雨也無晴》）；一九九三年四月出版《紅樓夢的寫作技巧》。

▲北京中國社會科學出版社於一九九四年出版散文集《浮生小趣》。

▲北京群眾出版社於一九九五年一月出版散文集《小園昨夜又東風》；一九九五年十月京華出版社出

版長篇小說《白雪青山》大陸版，第一版三千冊，一九九七年八月再版一萬冊。

▲長沙湖南出版社於一九九六年一月初出版墨人費時十多年精心修訂批註的《張本紅樓夢》，分上下兩大冊精裝一萬一千套。立即銷完、因未經墨人親校，難免疏失，墨人未同意再版。

# Mo Jen's Works

1950 *The Flames of Freedom*（poems）《自由的火焰》

1952 *Lament for My Mother Country*（poems）《哀祖國》

1953 *Glittering Stars*（novel）《閃爍的星辰》

*The Last Choice*（short stories）《最後的選擇》

1955 *Black Forest*（novel）《黑森林》

*The Hindrance*（novel）《魔障》

*The Rainbow and An Isolated Island*（novel）《孤島長虹》（全集中易名爲富國島）

1963 *The spring Ivy and Old Tree*（novelette）《古樹春藤》

1964 *Narcissus*（novelette）《水仙花》

*A Typhonic Night*（novelette）《颱風之夜》

*Ms.Pei Mong-lan*（novelette）《白夢蘭》
*The Joy of the Whole Family*（novel）《合家歡》
*Flower Marriage*（novelette）《花嫁》
1965 *White Snow and Green Mountain*（novel）《白雪青山》
*The Short Story of Miss Chung Mei*（novel）《春梅小史》
*The Powerless Spring Breeze and Faded Flowers*（novel）《東風無力百花殘》（《江水悠悠》）
*Flower Blossom in Loyang*（novel）《洛陽花似錦》
1966 *The Writing Technique of the Dream of Red Chamber*（literature theory）《紅樓夢的寫作技巧》
*Out of The Wild Frontier*（novelette）《塞外》
1967 *A Heart-broken Story*（novel）《碎心記》
1968 *Miss Clever*（novel）《靈姑》
*Trifle*（prose）《鱗爪集》
1969 *The Road to Promotion*（novelette）《青雲路》
1970 *A Sex-change Story*（novelette）《變性記》
*The Biography of the Dragon and the Phoenix*（novel）《龍鳳傳》
1971 *A Brilliantly lighted Garden*（novel）《火樹銀花》
1972 *My Floating Life*（prose）《浮生記》

Selection of Mo Jen's Poems《墨人詩選》

A Heart-broken Woman（novelette）《斷腸人》

Phoenix Valley（novel）《鳳凰谷》

Mo Jen's Works（five volumes）《墨人自選集》

Selection of Mo Jen's short stores《墨人短篇小說選》

1978 Hu Han-ming, the Poet and Revolutionist（novel）《詩人革命家胡漢民》

1979 The Mokey in the Heart（i.e. The Purple Swallow renamed）《心猿》

1980 The Hermit（prose）《心在山林》

A Collection of Mo Jen's Prose（prose）《墨人散文集》

A Praise to Mountains（poems）《山之禮讚》

1983 Mountaineer's Remarks（prose）《山中人語》

1985 My Candle Burns at Both Ends（prose）《三更燈火五更雞》

Flower Market（prose）《花市》

1986 A Mundane World（novel, four volumes, over 1.9 million words）《紅塵》

1987 Remarks on All Poems of the Tang Dynasty（theory）《全唐詩尋幽探微》

1988 Remarks On All Tsyr（prose poem）of the Tang and Sung Dynasties（theory）《全唐宋詞尋幽探微》

1991 The Breeze That Came From The East Last Night in My Little garden Again（prose）《小園昨夜又東風》

1992 *Travel for Literature in Mainland China*（prose）《大陸文學之旅》

1995 *Selection of Mo Jen's Poems, 1992-1994*《墨人半世紀詩選》

1996 *I'll look upon the World*《紅塵心語》

*Chang Edition of the Dream of Red Chamber*《張本紅樓夢》（修訂批註）

1997 *Cherish thy guests and the Muses*《年年作伴寒窗》

1999 *Saha Shih Gai*《娑婆世界》

1999 *Remarks on All Poems of the sung Dynasties*《全宋詩尋幽探尋》

1999 *Mo Jen's Classical Poems and Prose Poems*《墨人詩詞詩話》

2004 *Poussiere Rouge*《紅塵》法文譯本

# 墨人博士創作年表（二〇〇五年增訂）

| 年度 | 年齡 | 發表出版作品及重要文學紀錄摘要 |
| --- | --- | --- |
| 民國二十八年己卯（一九三九） | 十九歲 | 在東南戰區《前線日報》發表〈臨川新貌〉。淪陷區著名的上海《大美晚報》隨即轉載。 |
| 民國二十九年庚辰（一九四〇） | 二十歲 | 在《前線日報》發表〈希望〉、〈路〉等新詩作品。 |
| 民國三十年辛巳（一九四一） | 二十一歲 | 在《前線日報》發表〈評夏伯陽〉書評等文。 |
| 民國三十一年壬午（一九四二） | 二十二歲 | 在各大報發表〈苦難的行列〉、〈贛州禮讚〉（長詩）、〈老船夫〉、〈盲歌者〉、〈自己的輓歌〉、〈抹去那怯弱的眼淚吧〉、〈生命之歌〉、〈快割鳥〉、〈鷂鷹與雲雀〉等詩及散文多篇。 |
| 民國三十二年癸未（一九四三） | 二十三歲 | 在各大報發表長詩〈鋤奸隊長〉、〈搜索連長〉、〈遙寄〉、〈寫在第七個七七〉、〈父親〉、〈受難的女神〉、〈城市的夜〉及〈火把〉、〈擊柝者〉、〈橋〉、〈古鐘〉、〈汽笛〉、〈山居〉、〈沙灘〉、〈夜行者〉、〈孤芳〉、〈蚊蟲〉、〈蒼蠅〉、〈園圃〉、〈陽光〉、〈深秋〉、〈贈某詩人兼寫自己〉、〈哀亡命詩人〉、〈自供〉、〈白屋詩抄〉、〈哀歌〉、〈生活〉、〈給偶像崇拜者〉、〈戰書〉、〈燈下獨白〉、〈夜歸〉、〈失眠之夜〉、〈悼〉、〈殘英〉、〈黃昏曲〉、〈補綴〉、〈復活的季節〉〈擬戀歌〉、〈晨雀〉、〈春耕〉、〈天空的搏鬥〉等長短抒情詩。另發表散文及短篇小說多篇。 |

| | | |
|---|---|---|
| 民國三十三年甲申（一九三九） | 二十四歲 | 發表〈山城草〉五首及〈沒有褲子穿的女人〉、〈襤褸的孩子〉、〈駝鈴〉、〈無聲的哭泣〉、〈長夜草〉、〈春夜〉、〈擬某女演員〉、〈蛙聲〉、〈麥笛〉等詩及散文多篇。 |
| 民國三十四年乙酉（一九四五） | 二十五歲 | 發表〈最後的勝利〉及〈煉獄裏的聲音〉、〈神女〉、〈問〉等長詩與散文多篇。 |
| 民國三十五年丙戌（一九四六） | 二十六歲 | 發表〈夢〉、〈春天不在這裡〉等詩及散文多篇。 |
| 民國三十六年丁亥（一九四七） | 二十七歲 | 發表〈冬天的歌〉、〈流浪者之歌〉、〈手杖、煙斗〉及長詩〈上海抒情〉等與散文多篇。 |
| 民國三十七年戊子（一九四八） | 二十八歲 | 主編軍中雜誌、撰寫時論，均不署名。 |
| 民國三十八年己丑（一九四九） | 二十九歲 | 七月渡海抵臺，發表〈呈獻〉、〈滿妹〉，及長詩〈自由的火燄〉、〈人類的宣言〉等及散文多篇。 |
| 民國三十九年庚寅（一九五〇） | 三十歲 | 發表〈站起來，捏死他！〉、〈滾出去，馬立克！〉、〈英國人〉、〈海洋頌〉等詩。出版《自由的火燄》詩集。 |
| 民國四十年辛卯（一九五一） | 三十一歲 | 發表〈春晨獨步〉、〈炫與殉〉、〈悼三閭大夫屈原〉、〈詩聯隊〉、〈心靈之歌〉、〈子夜獨唱〉、〈真理、愛情〉、〈友情的花朵〉、〈啊，西風啊！〉、〈歲暮吟〉、〈師生〉、〈往事〉、〈天書〉、〈歷程〉、〈雨天〉、〈火車飛馳在海岸湶上〉、〈帶路者〉、〈送第一艦隊出征〉等詩，及〈哀祖國〉長詩。 |
| 民國四十一年壬辰（一九五二） | 三十二歲 | 發表〈未完成的想像〉、〈廊上吟〉、〈窗下吟〉、〈白髮吟〉、〈秋夜輕吟〉、〈秋訊〉、〈渴念，追求〉、〈寂寞、孤獨〉、〈冬眠〉、〈我想把你忘記〉、〈想念〉、〈成人的悲歌〉、〈訴〉、〈詩人〉、〈詩〉、〈貝絲〉、「春天的懷念」五首，〈和風〉、〈夜雨〉、〈臺灣海峽的霧〉等及散文、短篇小說多篇。　出版《哀祖國》詩集。 |

| | | |
|---|---|---|
| 民國四十二年癸巳（一九五三） | 三十三歲 | 發表〈寄台北詩人〉等詩及散文短篇小說多篇。高雄百成書店出版短篇小說集《最後的選擇，收入〈華玲〉、〈生死戀〉、〈梅蘭馨〉、〈敵人的故事〉、〈最後的選擇》、〈蔣復成〉、〈姚醫生〉等七篇。大業書店出版長篇小說《閃爍的星晨》一、二兩冊。 |
| 民國四十三年甲午（一九五四） | 三十四歲 | 發表〈雪萊〉、〈海鷗〉、〈鳳凰木〉、〈流螢〉、〈鵝鸞鼻〉、〈海邊的城〉、〈長夏小唱〉及散文、短篇小說多篇。 |
| 民國四十四年乙未（一九五五） | 三十五歲 | 發表〈雲〉、〈F-86〉、〈題 GK〉等詩及散文、短篇小說多篇。香港亞洲出版社出版長篇小說《黑森林》，並獲中華文獎會國父誕辰長篇小說第二獎（第一獎從缺）。 |
| 民國四十五年丙申（一九五六） | 三十六歲 | 發表〈四月〉等詩及散文、短篇小說多篇。 |
| 民國四十六年丁酉（一九五七） | 三十七歲 | 發表〈月亮〉、〈九月之旅〉、〈雨和花〉等詩及長篇小說《魔障》。 |
| 民國四十七年戊戌（一九五八） | 三十八歲 | 暢流半月刊雜誌社出版長篇連載小說《魔障》。 |
| 民國四十八年己亥（一九五九） | 三十九歲 | 發表短篇小說、散文多篇。文壇雜誌社出版長篇小說《孤島長虹》（全集中易名爲《富國島》）。 |
| 民國四十九年庚子（一九六〇） | 四十歲 | 發表〈橫貫小唱〉等詩及散文、短篇小說多篇。 |
| 民國五十年辛丑（一九六一） | 四十一歲 | 發表〈熱帶魚〉、〈豎琴〉、〈水仙〉等詩及短篇小說甚多。奧國維也納納富出版公司編選的《世界最佳小說選》選入短篇說〈馬腳〉，同時入選者有諾貝爾文學獎得主威廉福克納、拉革克菲斯特等世界各國名作家作品。 |

| | | |
|---|---|---|
| 民國五十一年壬寅（一九六二） | 四十二歲 | 發表〈青鳥〉、〈兩腳獸〉、〈晚會〉、〈祈禱〉等詩及短篇小說甚多。<br>奧國維也納富出版公司又將短篇小說《小黃》（以江州司馬筆名撰寫者）選入《世界最佳小說選》，同時入選者有諾貝爾獎得主蕭洛霍夫，郭沫若及世界各國名作家作品。 |
| 民國五十二年癸卯（一九六三） | 四十三歲 | 香港九龍東方文學出版社出版中篇小說《古樹春藤》。發表短篇小說、散文甚多。 |
| 民國五十三年甲辰（一九六四） | 四十四歲 | 香港九龍東方文學社出版短篇小說集《花嫁》，收入〈教師爺〉、〈劉二爹〉、〈二媽〉、〈異鄉人〉、〈花嫁〉、〈扶桑花〉、〈南海屠鮫〉、〈高山曲〉、〈古寺心聲〉、〈誘惑〉、〈隱情〉、〈美珠〉、〈新苗〉、〈心聲淚影〉等十四篇。<br>高雄長城出版社出版中短篇小說集《水仙花》，收入〈水仙花〉、〈銀杏表嫂〉、〈圓房記〉、〈江湖兒女〉、〈天鵝〉、〈賭徒〉、〈搶親〉、〈黃龍〉、〈風雪歸人〉、〈花子老趙〉、〈景雲寺的居士〉、〈人與樹〉、〈過客〉、〈阿婆〉、〈馬腳〉、〈小黃〉等十六篇。<br>高雄長城出版社出版中短篇小說集《白夢蘭》。收入〈情敵〉、〈空手〉、〈師生〉、〈斷夢〉、〈黃昏曲〉、〈白夢蘭〉、〈平安夜〉、〈凱塞琳、萊蒙托夫與我〉、〈陽春白雪〉、〈亂世佳人〉、〈傷心之旅〉、〈白衣清淚〉、〈護士與病人〉、〈如夢記〉、〈除夕〉等十五篇。　高雄長城出版社出版《中華日報》連載的二十五萬字長篇小說《白雪青山》。　發表短篇小說、散文甚多。 |
| 民國五十四年乙巳（一九六五） | 四十五歲 | 高雄長城出版社出版連載長篇小說《洛陽花似錦》、《春梅小史》、《東風無力百花殘》三部。　發表短篇小說、散文甚多。<br>省政府新聞處出版長篇小說《合家歡》。 |
| 民國五十五年丙午（一九六六） | 四十六歲 | 是年五月赴馬尼拉華僑文教講習會講授「紅樓夢的寫作技巧」及新詩課程一個月。<br>商務印書館出版文學理論專著《紅樓夢的寫作技巧》，全書共十五萬字。<br>商務印書館出版中短篇小說集《塞外》。收入〈塞外〉、〈鬍子〉、〈百合花〉、〈天山風雲〉、〈白金龍〉、〈白狼〉、〈秋圃紫鵑〉、〈曹萬秋的衣缽〉、〈半路夫妻〉、〈百鳥聲喧〉、〈風竹與野馬〉、〈美人計〉、〈夜襲〉、〈花燭劫〉等十四篇。 |

| | | |
|---|---|---|
| 民國五十六年丁未（一九六七） | 四十七歲 | 發表短篇小說、散文甚多。小說創作社出版連載長篇小說《碎心記》。 |
| 民國五十七年戊申（一九六八） | 四十八歲 | 小說創作社出版《中華日報》連載長篇小說《靈姑》。水牛出版社出版散文集《鱗爪集》，收入〈家鄉的魚〉、〈家鄉的鳥〉、〈雪天的懷念〉、〈秋山紅葉〉、〈學問與創作之間〉等散文七十六篇、舊詩三首。 |
| 民國五十八年己酉（一九六九） | 四十九歲 | 商務印書館出版中短篇小說集《青雲路》。收入〈世家子弟〉、〈青雲路〉、〈空棺記〉、〈久香〉等四篇。 |
| 民國五十九年庚戌（一九七〇） | 五十歲 | 商務印書館出版中短篇小說集《變性記》。收入〈變性記〉、〈嬌客〉、〈歲寒圖〉、〈泥龍〉、〈祖孫父子〉、〈秋風落葉〉、〈老夫老妻〉、〈恩愛夫妻〉、〈布販與偷雞賊〉、〈芳鄰〉、〈沙漠王子〉、〈沙漠之狼〉、〈世界通先生〉、〈寶珠的祕密〉、〈奇緣〉等十五篇。幼獅文化事業公司出版長篇小說《龍鳳傳》。臺北立志出版社出版長篇《火樹銀花》出版全集時易名《同是天涯淪落人》。 |
| 民國六十年辛亥（一九七一） | 五十一歲 | 立志出版社出版長篇小說《火樹銀花》。發表散文多篇及在高雄《新聞報》連載長篇小說《紫燕》。 |
| 民國六十一年壬子（一九七二） | 五十二歲 | 聞道出版社出版散文集《浮生集》。收入〈文藝的危機〉、〈貝克特高風〉、〈五十年華〉等散文十三篇，舊詩六首。學生書局出版短篇小說散文合集《斷腸人》。收入短篇小說〈斷腸人〉、〈薇薇〉、〈相見歡〉、〈滄桑記〉、〈恩怨〉、〈夜宴〉等七篇及散文〈文學系與文學創作〉、〈大學國文教學我見〉、〈作家之死〉等十五篇。　中華書局出版《墨人自選集》五大冊。包括長篇小說《白雪青山》、《靈姑》、《鳳凰谷》、《江水悠悠》（《東風無力百花殘》易名）及《短篇小說、詩選》（精選短篇小說二十八篇，抒情詩一〇六首），共一百五十萬字。 |
| 民國六十二年癸丑（一九七三） | 五十三歲 | 發表散文多篇。列入英國劍橋國際傳記中心（International Biographical Centre Cambridge England）出版的《國際詩人名錄》（*International Who's Who in Poetry. 1973*）。 |

| | | |
|---|---|---|
| 民國六十三年甲寅（一九七四） | 五十四歲 | 出席第二屆世界詩人大會。發表散文多篇。 |
| 民國六十四年乙卯（一九七五） | 五十五歲 | 列入正中書局出版的《中華民國文藝史》（1975）。發表〈臺北的黃昏〉新詩一首及散文多篇。 |
| 民國六十五年丙辰（一九七六） | 五十六歲 | 列入英國劍橋國際傳記中心出版的 *Men of Achievement. 1976* 發表〈歷史的會晤〉新詩及散文、短篇小說多篇。 |
| 民國六十六年丁巳（一九七七） | 五十七歲 | 應 I.B.C 邀請於三月間赴義大利翡冷翠出席國際文藝交流大會（The 3rd I.B.C. International Congress on Arts and Communications）。會後環遊世界。發表〈羅馬之雲〉、〈羅馬之松〉、〈翡冷翠的女郎〉、〈翡冷翠之柳〉、〈塞納河〉等詩及羅馬掠影」、〈單城記〉、〈威尼斯之旅〉、〈藝術之都翡冷翠〉、〈西雅奈與比薩斜塔〉、〈美國行〉、〈江戶、皇宮、御苑〉、〈環球心影〉等遊記。在《中國時報》發表有關中國文化論文〈中國文化的三條根〉，在《新生報》發表〈文藝界的『洋』癇瘋〉等多篇。 |
| 民國六十七年戊午（一九七八） | 五十八歲 | 近代中國社出版長篇傳記小說《詩人革命胡漢民傳》。列入英國劍橋國際傳記中心出版的《國際名人辭典》（*Dictionary of International Biography.1978*）。《國際知識分子名錄》(*International Who's Who of Intellectual.1978*、《國際人名剪影》 *International Register of Profiles*）、《國際社會名人錄》（*International Who's Who in Community Service*），發表〈六月之荷〉詩一首。在各報發表〈中國文化的宇宙觀〉、〈中國文化的真面目〉、〈文化、社會形態與當代文學創作（爲亞洲文學會議而作）〉、〈人與宇宙自然法則〉等。出席亞洲文學會議。　列入中華書局出版的《中華民國當代名人錄》（*Who's Who of R.O.C. 1978*）　列入行政院新聞局編印的一九七八年英文《中華民國年鑑名人錄》（*China Yearbook Who's Who*）。 |

| | | |
|---|---|---|
| 民國六十八年己未（一九七九） | 五十九歲 | 學人文化事業有限公司出版長篇小說《心猿》（《紫燕》易名）。發表短篇小說〈春〉、〈杏林之春〉、長詩〈哀吉米・卡特〉及〈山之禮讚〉五首。短篇〈客從故鄉來〉、〈人瑞〉。理論〈中國古典小說戲劇〉、〈抗戰文學的整理與再創作〉（《中央日報》）等多篇。 |
| 民國六十九年庚申（一九八〇） | 六十歲 | 秋水詩刊社出版詩集《山之禮讚》、收集六十四年以後新詩四十四首及七言絕律詩十首。　中華日報社出版散文集《心在山林》、收集〈花甲雲中過〉、〈老當益壯〉、及抒情寫景散文數十篇。<br>臺中學人文化事業出 版有限公司出版《墨人散文集》收集〈文化、社會形態與當代文學創作〉、〈人與宇宙自然法則〉、〈中國文化的三條根〉、〈宇宙爲心人爲本〉、〈文藝界的『洋』瘋癲〉等理論性散文數十篇。<br>在《中央日報・副刊》發表〈紅樓夢研究的正確方向〉，《中華日報・副刊》發表〈人生六十樹常青〉，《青年戰士報・新文藝副刊》發表〈山中人語〉專欄文章〈山水之間〉、〈生命長短價值觀〉、〈寶刀未老〉、〈七進七出鬼門關〉、〈報人甘苦〉、〈杏壇生涯〉等。<br>接受《大華晚報》採訪組副主任程榕寧兩次訪問，一爲談胡漢民生平，一爲談《易經》、《道德經》、命學，並發表〈醫學命學與人生〉專文。 |
| 民國七十年辛酉（一九八一） | 六十一歲 | 繼續撰寫《山中人語》專欄。<br>應臺中市《自由日報》特約撰寫《浮生小記》專欄。<br>應行政院新聞局邀請參觀本省農漁畜牧事業單位，並在《中央日報》發表〈人在福中〉散文。<br>接受臺灣廣播公司《成功之路》節目訪問，於四月廿七日晚八時半播出。在高雄《新聞報》發表〈撥亂反正說紅樓〉（六月十七、十八日）論文。 |
| 民國七十一年壬戌（一九八二） | 六十二歲 | 九月赴漢城出席第二屆中韓作家會議，並在東京參加中日作家會議，曾暢遊南韓、北海道、大阪至東京名勝地區，歸後撰寫〈韓國掠影〉、〈秋遊北海道〉，發表於《中央日報》。<br>列入中華民國名人傳記中心出版的《中華民國現代名人錄》。 |

| | | |
|---|---|---|
| | | 列入英國劍橋國際傳記中心出版的《傑出男女傳記》（*Men and Women of Distinction*）並附照片。<br>列入美國 MarQuis 公司出版的《世界名人錄》（*Who's Who in the World*）第六版。<br>接受義大利藝術大學授予的文學功績證書。 |
| 民國七十二年癸亥（一九八三） | 六十三歲 | 商務印書館出版散文集《山中人語》，收集散文七十篇。 |
| 民國七十三年甲子（一九八四） | 六十四歲 | 商務印書館出版《論墨人及其作品》上、下兩冊，包括評論文章六十餘篇。<br>列入義大利 Accademia Itlia 出版英、法、德、義四種文字的《國際文學史》（*The History of International Literature*）及《百科全書：當代人物（*The Encyclopadeia: Contemporary Personalities*）。<br>端午節（六月四日）開筆撰寫已構思準備十餘年的一百餘萬字的大長篇小說《紅塵》，年底完成初稿四十餘萬字。<br>十月在韓國漢城舉行的第四屆中韓作家會議，事忙未能出席，但提出一萬餘字的論文〈古典與現代〉一篇。 |
| 民國七十四年乙丑（一九八五） | 六十五歲 | 由江山出版社出版《三更燈火五更雞》、《花市》散文集等兩本，前者收入散文，理論二十四篇，後者收入散文遊記二十七篇。<br>八月一日退休，專心寫作《紅塵》，於十二月底完成九十二章，告一段落，共一百二十萬字，超出《紅樓夢》十餘萬字，內有絕律詩（聯）三十一首。 |
| 民國七十五年丙寅（一九八六） | 六十六歲 | 年初開始研讀《全唐詩》，撰寫《全唐詩尋幽探微》，十一月完成，共十二萬餘字，一面在《新聞報・西子灣》發表，並連同歷年所作絕律詩三十七首，定名爲《墨人絕律詩集》，一併交與臺灣商務印書館簽約出版。<br>列入美國 A.B.I.出版的 5000 Personalities of the World，英國 I.B.C.出版的 *The International Authors and Writers Who's Who.* |

| | | |
|---|---|---|
| 民國七十六年丁卯（一九八七） | 六十七歲 | 訪問考察東南亞地區、國家馬來西亞、新加坡、泰國、菲律賓、香港十七天，並出席多次座談會。<br>商務印書館出版《全唐詩尋幽探微》（附《墨人絕律詩集》）。<br>《紅塵》長篇小說於三月五日開始在（臺灣新生報）連載。<br>七月四、五日出席在臺北市召開的抗戰文學研討會。<br>八月一日出席在高雄市召開的第七屆中韓作家會議。 |
| 民國七十七年戊辰（一九八八） | 六十八歲 | 元月二日完成《全唐宋詞尋幽探微》（附《墨人詩餘》）全書十六萬字。設於美國深受世界尊重的「國際大學基金會」（The Marguis Giuseppe Scicluna 1855-1907 Internarional University Foundation）（Founded 1973）授予榮譽文學博士學位。 |
| 民國七十八年己巳（一九八九） | 六十九歲 | 臺灣商務印書館出版《全唐宋詞尋幽探微》。<br>臺北大地出版社三版長篇小說《白雪青山》。<br>世界大學（World University）授予榮譽文學博士學位。 |
| 民國七十九年庚午（一九九〇） | 七十歲 | 五月應大陸黃河文化實業公司邀請，作四十天文學之旅，與北京、上海、杭州、九江、武漢、西安、蘭州等地作家座談中華文化、文學創作，坦誠交換意見，獲得一致共識、真摯友情與尊敬，廣州電視臺並全程錄影，製作專輯播出，六月底返臺後即撰寫《大陸文學之旅》專著。<br>艾因斯坦國際學院基金會（Albert Einstein 1879-1955 International Academy Foundation）授予榮譽人文學博士學位。<br>榮列英國劍橋國際傳記中心出版的 IBC Book of Dedications.占全書篇幅五頁，刊登照片五張，介紹五十年創作生涯，十分翔實，篇幅之大，爲全書冠，並禮聘爲 IBC 副總裁。 |
| 民國八十年辛未（一九九一） | 七十一歲 | 二月底新生報出版《紅塵》，二十五開本，上、中、下三鉅冊。黎明文化事業公司出版《小園昨夜又東風》散文集。<br>應香港廣大學院禮聘爲中國文學研究所客座指導教授。<br>《紅塵》榮獲新聞局著作金鼎獎及嘉新優良著作獎。 |

| 年份 | 年齡 | 創作紀事 |
|---|---|---|
| 民國八十一年壬申（一九九二） | 七十二歲 | 文史哲出版社出版《大陸文學之旅》。<br>應聘香港廣大學院中研所客座指導教授。<br>一月五日開筆寫《紅塵續集》，自九十三章起至一百二十章止，共四十萬字，六月十日完稿，《紅塵》全書共一百九十萬字。續集自十二月一日開始在《臺灣新生報・副刊》連載近年，雙破長篇鉅著及連載紀錄。中國廣播公司《中廣小說選播》節目，亦於十二月一日十四時三十分，在AM657千赫第一廣播網開始播出長篇鉅著《紅塵》上、中、下三冊，由戴愛華小姐導播，集該公司播音精英，通力合作，龍老夫人一角由播音元老白銀飾演，其餘人物均爲一時之選，效果奇佳，前所未有。　北京「中國文聯出版公司」出版《也無風雨也無晴》。<br>墨人故鄉九江《師專學報》，於本年起開闢《墨人研究》專欄，與《陶淵明研究》、《黃山谷研究》，並稱三大專欄，甚受教育、學術界重視。 |
| 民國八十二年癸酉（一九九三） | 七十三歲 | 十月下旬，偕《秋水》詩刊同仁涂靜怡、雪柔、麥穗、汪洋萍、風信子、林蔚穎等爲慶祝《秋水》創刊二十周年，訪問哈爾濱、北京、西安三大都市，與當地詩人座談交流，水乳交融，兩岸詩人因而建立深厚友誼。十一月初，隻身訪問昆明、探親，昆明作協主席曉雪、八十多歲老作家李喬、小說家張昆華、《春城晚報》副總編輯熊廷武、副刊主編原因、理論家教授余斌、作家湯世傑、李錦華等集會歡迎，其中多爲白族、彝族等少數民族作家，乃以雲南少數民族文化資源努力創作相勉，深獲共鳴。資深作家彭荊風，晚間並來下榻處暢談。<br>繼續應聘香港廣大學院中研所客座指導教授三年。<br>十二月新生報社出版《紅塵續集》，全書共四大冊，其實前後一貫，爲一整體，該報爲方便，乃以《續集》名之。一生心願心血得以完成，在輕、薄、短、小及商品文學獨占市場情況下，亦一大異數。北京「中國文聯出版公司出版《紅樓夢的寫作技巧》。 |

| | | |
|---|---|---|
| 民國八十三年甲戌（一九九四） | 七十四歲 | 一月開始研讀自北京購回的《全宋詩》，擬續寫《全宋詩尋幽探微》。<br>四月十一日接受臺北復興廣播電臺《名人專訪》節目主持人裴雯小姐訪問：談一生寫作歷程及大長篇《紅塵》寫作經過。<br>臺北《世界論壇報》副社長兼副刊主編詩人評論家周伯乃先生，特自五月三十一日起一連三天出版特刊，慶祝七十晉五誕辰暨創作五十五周年，除刊出〈小傳〉、〈七五人生一首詩〉、〈中國新詩與傳統詩詞的整合〉、〈叩開生命之門〉三篇新作外，並刊出蒙古族女詩人作家薩仁圖婭的〈墨人：屈原風骨中華魂〉，及馬來西亞霹靂州立女子中學校長，詩詞家、散文作家彭士麟女士論《紅塵》與大陸作家作品比較的書信，墨人著作校長，詩詞家、散文作家彭士麟女士論《紅塵》與大陸作家作品比較的書信，墨人著作目錄、美國兩個榮譽文學博士、一個人文學博士照片三張，《紅塵》獲獎照片一張，及周伯乃〈無限的祝禱〉文等。<br>八月七日，中國時報系的《工商日報・讀書版・大書坊》刊出蓓齡的《紅塵》墨人專訪文章，並配合攝影記者何日昌拍攝的墨人及《紅塵》四冊照片。<br>大陸廣州暨南大學中文系教授兼臺港暨海外華文文學研究中心主任、評論家潘亞暾，費時月餘撰寫《紅塵續集》論文達一萬餘字的〈偉大史詩的歸結〉，於九月二十一至二十五日在臺北市《世界論壇報・副刊》全文刊出，見解不凡，對《續集》的成功更使他大吃一驚，因此，更肯定《紅塵》的史詩價值、地位。<br>八月二十八日第十五屆世界詩人大會在臺北召開，僅提出〈中國新詩與傳統詩詞的整合〉論文一篇，並未出席、論文則由《中國詩刊》主編曾美霞女士代讀。 |
| 民國八十四年乙亥（一九九五） | 七十五歲 | 一月，臺北文史哲出版社出版《墨人半世紀詩選》（一九四二－一九九四）。<br>一月十日應臺北廣播電臺《藝文夜話》主持人宋英小姐訪問，許導播秀玲決定十日開播《紅塵》全書四冊，每日廣播兩次。<br>中國詩歌藝術學會主辦、中國文藝協會協辦，於五月二十二日在臺北市中國文藝協會舉行《墨人世半紀詩選》學術研討會，與會詩人、評論家六十餘人，討論情況熱烈，並印發海峽兩岸評論家王常新、古繼堂、古遠清、李春生、楊允達、周伯乃等十三家論文專集。各家均推崇、肯定新舊詩兩方面的成就與半個多世紀的貢獻。 |

| | | |
|---|---|---|
| | | 英國劍橋國際傳記中心頒贈二十世紀文學傑出成就獎。榮列一九九五年英國劍橋國際傳記中心出版的 The Definitive Book of the Deputy Directors General of the IBC.佔全書篇幅五頁，刊登照片五張，爲全書之冠。 |
| 民國八十五年丙子（一九九六） | 七十六歲 | 臺北圓明出版社出版涵蓋儒、釋、道三家思想的散文集《紅塵心語》。卷首有珍貴的文學照片十餘張。<br>臺北中國詩歌藝術學會出版《十三家論文》論《墨人半世紀詩選》。 |
| 民國八十六年丁丑（一九九七） | 七十七歲 | 臺北中天出版社出版與《紅塵心語》爲姊妹集的散文集《年年作客伴寒窗》，各篇亦均以五、七言詩作題，內中作者詩詞亦多，並附錄珍貴文學資料訪問記、特寫、著作目錄等十餘篇。出任「乾坤」詩刊顧問，並主編該刊古典詩詞。完成《墨人詩詞詩話》、《全宋詩尋幽探微》兩書全文。 |
| 民國八十七年戊寅（一九九八） | 七十八歲 | 構思六年的以佛學精義結合修行心得化爲文學創作的長篇小說《娑婆世界》，於三月二十八日開筆，十二月脫稿。共三十八章，五十多萬字。<br>英國劍橋國際傳記中心（IBC）出版《二十世紀傑出人物》以照片配合文字將墨人傳記刊卷首重要位置，並頒發獎狀。大陸中國國際經濟文化交流促進會、燕京國際文化藝術研究會等七大單位編纂出版的《世界華人文學藝術界名人錄》，中國國際交流出版社出版的《世界名人錄》，均爲十六開巨型中文本。 |
| 民國八十八年己卯（一九九九） | 七十九歲 | 本年爲來臺五十周年，創作六十周年，中國習俗八十歲，昭明出版社出版長篇小說《娑婆世界》。<br>美國傳記學會（ABI）出版二十世紀《五百位有影響力的領袖》，以照片配合文字將墨人傳記刊於卷首重要位置並頒發獎狀。照片及詩詞五首編入中國《當代吟壇》巨著。　美國「世界智庫」與艾因斯坦國際學會基金會」聯合頒贈墨人傑出成就榮譽獎，以紀念千禧年，並榮列中國出版的《中華精英大全》。<br>美國傳記學會頒贈墨人「二十世紀成就獎」。 |

| | | |
|---|---|---|
| 民國八十九年庚辰（二〇〇〇） | 八十歲 | 臺北昭明出版社陸續出版定本長篇小說《白雪青山》、《滾滾長江》、《春梅小史》；文學理論《紅樓夢的寫作技巧》，連同民國八十八年出版的長篇小說《娑婆世界》，並列爲墨人一系列代表作品，以慶祝墨人八十整壽。臺北詩藝文出版社出版《墨人詩詞詩話》。臺北文史哲出版社出版《全宋詩尋幽探微》。 |
| 民國九十年辛巳（二〇〇一） | 八十一歲 | 臺北昭明出版社出版長篇小說定本《紅塵》全書六冊及長篇小說《紫燕》定本。 |
| 民國九十一年壬午（二〇〇二） | 八十二歲 | 五月三日偕長子選翰赴上海訪友小住。英國劍橋國際傳記中心授予「終身成就獎」。 |
| 民國九十二年癸未（二〇〇三） | 八十三歲 | 八月底偕夫人及在臺子女四人經上海轉往故鄉九江市掃墓探親並遊廬山。 |
| 民國九十三年甲申（二〇〇四） | 八十四歲 | 準備出版全集（經臺北榮民總醫院檢查無任何疾病。）巴黎 you-Feng 書局出版豪華典雅法文本《紅塵》。 |
| 民國九十四年乙酉（二〇〇五） | 八十五歲 | 此後五年不遠行，以防交通意外，準備資料。計劃百歲前開筆撰寫新長篇小說。北京「中央出版社」出版《強國丰碑》，以著名文學家張萬熙爲題刊出墨人傳略，爲臺灣及海外華人作家唯一入選者。並先後接到北京電話、書函邀請寄送資料編入《一代名家》、《中華文化藝術名家名作世界傳播錄》。 |
| 民國九十五年丙戌（二〇〇六）至民國一百年（二〇一一）—— | 八十六歲至九十二歲—— | 重讀重校全集，已與臺北市文史哲出版社簽訂出版《墨人博士作品全集》合約，民國一百年年內可以出版。此爲「五四」以來中國大陸與臺灣所未有者。 |